NATHALIE LECLERC

La voix de mon père

récit

LEMÉAC

Couverture : Gianni Caccia, d'après une photo de Gaétane Morin

Leméac Éditeur remercie le Conseil des arts du Canada, la Société de développement des entreprises culturelles du Québec (SODEC) et le Programme de crédit d'impôt pour l'édition de livres du Québec (Gestion SODEC) du soutien accordé à son programme de publication.

Financé par le gouvernement du Canada | Canada

ISBN 978-2-7609-4739-9

4609, rue D'Iberville, 1er étage, Montréal (Québec) H2H 2L9
Dépôt légal – Bibliothèque et Archives nationales du Québec, 2016

Imprimé au Canada

À Émile,
Robin,
Matis,
mes trois « petits papas »

Neige, rafales, poudrerie, depuis trois heures d'affilée. Ni ciel ni terre en vue. [...]

Et j'ai enveloppé la petite [...]. Je sentais ses petits poings accrochés à ma ceinture et je l'entendais rire derrière la cape.

Sur le plancher de la cuisine, j'ai ouvert le rideau de neige et elle est apparue comme une petite fée, comme une chanson bien faite, solide, rieuse et saine.

FÉLIX LECLERC
Le petit livre bleu de Félix

IL ÉTAIT UNE FOIS

Fabiola

Le soleil réveille la chambre. La journée s'ouvre comme un lever de rideau sur un petit village en Mauricie.

Léo a demandé à ses enfants d'aller jouer dehors pendant l'accouchement. Autour de la maison, leurs voix résonnent à travers le chant de cigales. La porte de bois claque sans cesse et engouffre des adultes comme un ogre affamé. L'attente ensorcelle l'enfance, inquiète du brouhaha qu'ils imaginent derrière la fenêtre.

Fabiola, couchée, soupire à grands coups après chaque poussée. La sage-femme lui éponge le front, puis la souffrance enroule son corps à nouveau : une vague immense s'installe dans son ventre et, dans un cri presque animal, un garçonnet apparaît entre ses cuisses.

Ce petit bout d'homme, qui allait un jour devenir mon père, fait son entrée au monde parmi les forêts et les montagnes aoûtées. Déjà, dans les bras de sa maman, il s'accroche à son éternelle reine émue d'une lune rougissante. Elle dira de son Filou qu'être séparée de lui est aussi cruel qu'une déchirure. Il dira de sa maman qu'elle possède ce chant rare d'une harpe au vent.

Il hérite de son regard gris qui lui enseigne la riche multitude des choses malgré la pauvreté matérielle à l'aube de sa vie.

La découverte d'un nid d'oiseau ou d'une toile d'araignée, c'est elle.

Les forêts

Mon père grandit dans le fin fond d'un Québec en émergence. Bûcherons, trappeurs, commis voyageurs, draveurs nourrissent ce garçon assoiffé de merveilleux.

Il découvre l'odeur boueuse des matins pluvieux dans le grognement aigre des bûcherons, le regard perçant des trappeurs aux bras chargés de lièvres bien gras, les multiples objets proposés par des commis voyageurs, le courage des draveurs affrontant les billots sur une rivière dangereuse et la tristesse qui réunit ces êtres dans l'ennui de leur famille.

La grandiloquence d'une forêt muette d'arbres lui enseigne la solitude de ces hommes. Le travail difficile, le froid immense dans son pays de lacs gelés et de montagnes enneigées le façonnent.

Mais il y a plus. La rougeur d'un tison dans le poêle à bois, le regard de sa mère tourné amoureusement vers ses petits ou le sourire de l'un, quand il reçoit une lettre, et de l'autre, retournant dans son patelin pour le temps des fêtes, apportent à mon père une certitude : ces êtres plongés dans la misère perçoivent une lueur au bout de leur nuit.

Les études le séparent de sa famille, mais il sait que son coin de pays et sa famille demeurent son début du monde.

Le triomphe

Il est jeune, plein de fougue, et aimerait tant aider à la ferme de son père. Mais il n'a pas ce talent de planter un clou, de redresser une grange ou bien de traire les vaches.

Léo, exaspéré, lui lance : « Va donc écrire ce qu'on fait. »

Il le prend au mot et, tout doucement, il commence à écrire. Il est engagé dans une station de radio et y lira certains de ses textes.

« M'écoutez-vous à la radio ? » demande-t-il à son père.

« La nuite, on dort » est son seul commentaire.

Les années passent. Il se retrouve dans une troupe de théâtre où on lui demande de chanter pendant l'entracte. Les spectateurs en redemandent.

Et, tranquillement, l'artiste voit le jour. Des amis lui font rencontrer des personnalités influentes, dont le grand impresario français Jacques Canetti, et, comme pierre qui roule, mon père se retrouve propulsé en France.

Le succès est soudain, et il est tout chambardé par cette nouvelle vie. Il pourra enfin vivre de ses mots et de ses chansons.

Après deux années de tournées européennes, il revient au Québec dans le plus grand triomphe, accueilli par de nombreux journalistes mielleux. Il les reconnaît et sa mémoire lui rappelle que certains ont déjà eu à son égard des mots très durs au début de sa carrière.

Jamais il ne les oubliera.

L'île d'Orléans

Mon père cherche réconfort, bien-être, enroulement gracieux dans l'espace cru reçu par le deuil. Sa mère vient de mourir.

Il part à la recherche de la lenteur pour surprendre ce vide qu'apporte la mort d'un être aimé.

Il apprend que son ancêtre était venu s'installer sur l'île d'Orléans. Alors, il fait le voyage vers cette île bercée par le Saint-Laurent.

Ronde et pleine, l'île dégage un silence soutenu par une brise matinale. Propulsé dans cette lumière où le soleil manipule le fleuve comme un miroir pour nourrir les champs, il s'y trouve bien et passe sa journée à faire le tour de cette île. Il découvre des maisons figées dans un autre temps, bâties en bois et en pierre.

Le soir venu, mon père se cherche un coin pour passer la nuit. Le curé du village lui parle des Pichette, installés dans la paroisse de Saint-Pierre. Un peu intimidé, il se retrouve devant leur porte et demande asile pour la nuit. Il y reste finalement plusieurs jours.

Dès lors, ce lieu entre en lui comme la barre du jour qui se faufile parmi les nuages dans les petits matins d'automne.

Le camp

Bien avant la construction de notre maison, mon père vient passer plusieurs moments sur l'île d'Orléans. L'attachement à ce lieu et à cette famille

Pichette ancre en lui ce désir irrépressible de venir y vivre un jour.

Pendant ses séjours, il s'installe dans une chambre au grenier. Mais il y a toujours beaucoup de monde dans cette maison. L'accordéon, les chaises berçantes et l'oncle et la tante sont omniprésents et envahissants. Alors que le poète a besoin de calme.

« Et si je construisais un camp sur le premier plateau de ta terre, Joe ? »

L'ami, le neveu, le voisin et le frère de son ami lui donnent un coup de main. Un camp en bois rond apparaît au bout de la terre des Pichette. Sans eau courante ni électricité, mon père retrouve l'univers de son enfance, dont celui du frimas dans ses bottes au petit matin d'hiver, quand le feu du poêle n'est plus.

Une partie de ma propre enfance se pose ici. Nous y vivons pendant la construction de notre maison. À la lumière de la lampe à l'huile, j'entends le murmure de mes parents, installés sur la galerie, soleil couchant en plein visage.

L'abondance de ma vie à venir résonne encore en moi. Et ce papillon de nuit se brûlant les ailes sur la chandelle me fascine. Malgré le danger, il revient toujours vers la flamme jusqu'à en mourir. Pourquoi cet acharnement ? Brûlerai-je mes ailes ?

Noce

Elle a vingt-trois ans. Fougueuse, belle et fonceuse. Elle sait qu'il vient passer ses étés dans son camp en bois rond sur l'île d'Orléans. Elle habite de l'autre côté du fleuve, à Montmorency.

Portée par un souffle, elle enfourche sa bicyclette et traverse le pont de l'île pour se rendre là où la rumeur la conduit : chez les Pichette. Mine de rien, elle abandonne cet objet à deux roues et, sans être invitée, se dirige vers le sentier de l'habitant.

— Bonjour, vous allez bien ?

— Oui. Que fais-tu ici ?

— Je voulais vous rencontrer.

Le chant d'une alouette retentit. L'île d'Orléans les enveloppe.

Le regard de ma mère est franc, celui de mon père est tendre. Elle est si jeune ! Il baisse la tête, gêné de toute cette admiration. Mais un bonheur neuf l'envahit.

La pureté qui émane de cette jeune femme lui ouvre à nouveau l'horizon. Cette brume épaisse déployée par sa vie quotidienne se disperse. Son regard s'éclaircit.

Quelque temps plus tard, mon père regarde par la fenêtre du camp en compagnie de ma mère et aperçoit de gros flocons descendre doucement du ciel.

« Il neige de noce. »

ENSEMBLE

Le premier souffle

Je suis née à Boulogne-Billancourt, tout près de Paris, dans une clinique privée où la voisine qui crie de souffrance dans un accouchement sans fin est une actrice américaine très en vogue. Quelques heures après les cris libérateurs de ma mère, je viens au monde, petite fille potelée et rose. Rose sans doute du plaisir d'avoir la si grande chance d'être une enfant de l'amour.

Après ma première tétée, ronflant de satiété et installée dans un petit lit douillet à côté de ma mère qui reprend son souffle, j'ai des invités.

Parmi eux, un gros bonhomme, heureux, joyeux, au regard tendre, pose les yeux sur moi. Fièrement, il fume le cigare qui souligne l'arrivée d'un nouveau-né. Il me contemple comme on découvre un trésor. C'est ma première rencontre avec Raymond Devos. Quelques heures plus tard, Charles Aznavour me saluera à son tour, puis un gentil moustachu, accueillant et sage, rigolo et ami de mon père, Georges Brassens, qui m'a peut-être offert mon premier sourire.

Je deviens une petite fée parmi ces hommes à fleur de peau. Leur présence m'a sans doute procuré cette nécessité d'être. Parvenir à toucher du bout des doigts le bleu du ciel.

Entouré de fleurs et de chocolat, l'impresario français Jean Dufour vient aussi faire sa petite visite. La jeune infirmière, heureuse de tout ce bonheur, lui offre le petit poupon que je suis pour qu'il puisse me prendre dans ses bras.

« Voici votre fille », dit-elle.

Mon père, à quelques pas de cette scène, se précipite, presque choqué, en disant à l'infirmière un peu confuse :

« C'est moi, le père. »

Rouge de honte, tremblante, elle s'excuse et me tend à ce papa aux cheveux blancs.

En soirée, dans cette fin d'été parisienne, entre les gémissements de ma jeune mère souffrant d'un accouchement difficile et celui de son désir inassouvi de fils, il y a mon père, un homme de cinquante-quatre ans, ébloui par cette nouvelle vie, qui me regarde avec toute la bienveillance du monde.

Bobino

Quelques semaines après ma naissance, mon père décide d'aller faire une balade à la fourrière parisienne. Il fait le tour de cet endroit où il remarque que tous les chiens jappent fort, grattent les barreaux de leur cage, bavent et supplient qu'on leur donne un destin meilleur.

Tous sauf un.

Un grand griffon, frisé et noir comme le corbeau. Il doit avoir cinq ou six ans. Il fixe ce probable maître dans les yeux sans un jappement, sans un grattement, sans une goutte de bave. Rien. Seul un long regard transformé en cri silencieux. Quelque chose qui frappe l'intérieur comme une petite promesse bleue.

Mon père se dirige vers lui tel un aimant. Dès l'ouverture de sa cage, ce chien émet un petit son de survivant.

Des mois passent et nous voici à Saint-Légier, en Suisse. J'y fais mes premiers pas et je suis fascinée par mon manteau rouge qui semble enrubanné de contes fantastiques. Il a été tricoté par notre voisine, madame Rech.

Bobino, toujours à mes côtés, devient mon grand frère et mon protecteur. Je peux lui tirer les oreilles de toutes mes petites forces, il ne bouge pas, mais il garde ce long souffle de chien sauvé d'une fin misérable, reconnaissant d'avoir été l'élu.

L'EMPREINTE

Au retour de notre séjour en Suisse, mon père achète la terre de Joe Pichette grâce à une entente d'amitié. Depuis le jour de leur rencontre, ces hommes sont comme deux peupliers plantés côte à côte.

Notre maison se construit tout près de la demeure des Pichette avec l'aide d'amis entrepreneurs. Nous nous installons pour de bon sur l'île d'Orléans, avec Bobino.

Cette maison a été construite avec de l'argent français, écrit-il sur une feuille de papier qu'il insère à l'intérieur du mur de pierre de la cheminée qu'on est en train d'ériger. La mémoire de cette maison se forge dans l'instant présent, précieux moment qui a la douceur du velours.

Mon petit frère fait ses premiers pas. Des amis nous visitent. Ma mère veille sur nous comme une chatte sur ses petits.

Je cours dans le salon. Je tombe et mes deux menottes se retrouvent imprégnées dans le plâtre fraîchement peint. Le plâtrier s'empresse de refaire le mur. « Non », lui crie mon père. Il prend le manche d'un pinceau et, en dessous de ma première signature, il inscrit : *Nathalie 4 ans.*

Elle y est toujours.

Notre bout du monde

Je dois avoir cinq ou six ans. Le souvenir est vague, mais le fleuve est grand. Celui qui entoure l'île d'Orléans. Mon coin de pays.

Un beau matin, mon père me dit : « Habille-toi comme il faut. Mets tes bottes, un bon chandail, nous partons en expédition. »

Ah bon ? Il m'intrigue.

Il regarde ma mère et lui dit : « Nous allons revenir pour le dîner. »

Le dîner ? Cette expédition sera longue ?

Il prend ma main et nous voilà dehors.

« Aujourd'hui, nous allons aller au bout de notre monde. »

Je reste silencieuse. Intriguée.

Nous nous dirigeons vers le chemin de terre qui traverse notre forêt. Je n'ai pas peur. Il est là. Je deviens un petit papillon virevoltant autour de lui. J'essaie, avec mes petites jambes, de faire les mêmes grands pas. Ça m'épuise car il est si fort.

Sa grosse main dans la mienne me protège de l'ours noir ou du chevreuil aux longs bois qui nous regardent passer.

Cette forêt, qui devient enchantée dans ma tête d'enfant, appartient à mon magicien de père. Il me transmet sa prestance par son regard gris. Alors, je deviens à mon tour invincible.

Les chats sauvages aux yeux rouges et les gros oiseaux noirs n'ont qu'à bien se tenir. Je suis magicienne à mon tour.

La route est ardue. Le foin me chatouille les jambes. Je suis fatiguée. Je suis faible. C'est si loin. Mais où m'emmène-t-il ?

Je lève la tête et, comme par enchantement, d'immenses saules pleureurs apparaissent. Une odeur de début du monde nous enveloppe dans un mélange d'éternité et de mort.

Le fleuve Saint-Laurent à nos pieds.

L'eau bercée depuis des millions d'années apporte en elle la naissance et le souvenir dans un parfum inoubliable.

Nous nous tenons tous les deux bien droit main dans la main. Le fleuve interminable devant nous.

Et le regard de mon père.

Depuis ce jour, je comprends le véritable sens du mot *beauté*.

L'OISEAU DE PAPIER

Je suis dans le cabanon que mes parents ont transformé en maison de poupées. À l'intérieur, trois d'entre elles dorment paisiblement dans de minuscules lits de bois. J'ai ouvert la fenêtre. Le vent fait danser le rideau, la chaleur devient ainsi supportable. J'ai six ans. Je rêve au jour où je serai maman.

J'entends mon père qui nous appelle, mon frère et moi : « Regardez ce que j'ai : un cerf-volant ! »

Un cerf-volant ? Qu'est-ce que c'est ?

Un morceau de papier rigide, lustré, avec de longs rubans et une corde enroulée sur un vieux morceau de bois. Pourquoi ce machin le rend-il si heureux ?

Je le vois courir encore et encore dans le champ avec, dans sa main droite, la grosse corde enroulée sur le morceau de bois et, dans sa main gauche, le cerf-volant. Tout d'un coup : un miracle. Cette chose devient volante et mon père déroule rapidement la corde. J'ouvre la bouche, médusée. Le voilà maintenant infiniment petit dans le ciel à se faire venter les rubans.

Amusé de nous voir si émerveillés, mon héros attache cet objet volant à un arbre.

« Dans l'temps des Pichette, c'était un signe entre Joe pis sa femme. Quand il partait au champ pour la journée, il attachait un cerf-volant à un arbre et, du bout de sa terre, il pouvait l'apercevoir. Si Jeannette avait besoin de lui, elle le décrochait et Joe, ne le voyant plus, sautait sur son tracteur pour lui venir en aide. »

Puis, après un silence suspendu :

« Nous, on va le laisser dans le ciel, y a pas d'malheur à l'horizon. »

Ma grange

Jamais je n'ai partagé de grandes confidences avec madame de Montigny. Ce n'était pas nécessaire.

J'ai commencé à aller chez elle vers l'âge de six ans. Sa présence embaumait ma tristesse lors des nombreuses absences-tours-de-chant de mon père. Chez Rita, il n'y a pas de balises établies. Je peux tacher ma robe, sauter dans le cours d'eau, courir dans le champ et vaincre les piqûres d'abeilles. Elle lave ma robe, trouve des bottes et me soigne. Elle ne me préfère pas à sa fille ni ne me parle en petite princesse.

Tous les dimanches d'été, je suis invitée pour le dîner et je passe mon après-midi à m'inventer un monde dans leur Grange Mystérieuse où ruminent des vaches que je considère comme sacrées.

Alors, je m'épanouis. L'éclat du soleil plonge dans la rivière et je découvre mille demoiselles glissant sur l'eau aidées de leurs longues pattes. Je scrute plus profondément cette eau claire et je remarque des poissons minuscules qui trottent au milieu des petites pierres multicolores.

Au loin, le battement du vent sur un morceau de tôle. La vie fuit.

Encore aujourd'hui, quand je revois ce bâtiment, mes souvenirs me transportent dans cet autre temps et une douce chaleur se manifeste en moi comme si je m'enveloppais d'une doudou soyeuse.

Comme si je retrouvais la voix de mon père.

Je suis en effet impressionnée par sa voix très douce et ses yeux pleins d'attention envers moi.

Nous partons de temps en temps faire de grandes marches jusqu'au fleuve et il me raconte un tas d'histoires : celle de l'oisillon qui retrouve sa maman après une nuit de froid, ou le récit de notre chèvre Barbichette qu'il a enterrée au printemps dernier, ou bien l'aventure du cerf-volant retrouvé dans la cime d'un arbre. Il m'apprend à vivre.

J'ai six ans. Je suis assise dans une salle de spectacle. Puis, tel un raz de marée, l'assistance se lève et applaudit un homme qui sort de l'ombre devant nous : c'est mon père ?

Il chante des chansons que je connais, car il m'arrive souvent de l'écouter, secrètement, accroupie devant la porte de son bureau.

C'est donc pour cela qu'il chante assis devant sa fenêtre ?

À la fin de son tour de chant, un ami me donne un bouquet de fleurs et me pousse à aller le lui porter sur la scène au moment où il salue les gens de la salle.

Un peu étourdie par tous ces applaudissements qui empruntent le son d'une envolée d'outardes, je lui tends les fleurs. L'envie de pleurer me mouille les yeux. Son sourire m'apaise et, tout doucement, il me dirige vers la loge, puis retrouve la scène.

Il met à nouveau son pied sur la chaise et un silence se fait entendre. En guise de rappel, il entame de sa voix-violoncelle *Le tour de l'île*.

La tête posée contre le mur de la coulisse, je le regarde, et la petite fille que je suis comprend à ce moment précis qu'il est toute ma vie, pour le reste de ma vie.

Les outardes

Le temps se refroidit, le soleil se couche plus tôt. Une grande chaleur m'envahit quand j'aperçois notre maison au retour de l'école. Nous ferons un feu dans la cheminée. Et il y a *Bobino* à la télévision.

Mon frère et moi courons en chiffonnant le papier journal que papa nous tend pour le lancer dans le foyer. Puis, le calme et la chaleur nous transportent ailleurs, dans un état d'abandon bienheureux. J'ai si hâte, mais je ne sais pas pourquoi.

«C'est parce que tu es heureuse», me répond ma mère.

Quand il n'y a pas d'école, j'entends le son de la scie à chaîne de mon père se perdre à l'extérieur. Il nettoie la forêt des arbres morts laissés par l'été. Ma mère, le front plissé, retient son souffle chaque fois que la scie devient silencieuse. Puis, le ronron reprend et son front redevient lisse.

Quelquefois, je suis avec lui et, de son regard, il me présente un rouge-gorge ou une chouette ou une hirondelle. Et les outardes. Les yeux au ciel, il les regarde avec intensité.

Maintenant, au moindre volier, je lève les yeux vers ce bleu et je comprends cette liberté recherchée qui émane d'elles et combien mon père a toujours été un être libre.

Un piano

Il entre dans ma vie à sept ans.

Ma professeure de deuxième année, Laurette, a l'idée de cours de piano. Mon père, après une soirée de spectacle, demande cet instrument de musique en guise de cachet et m'en fait cadeau.

Ma jeunesse est empreinte de ce petit piano bien droit installé au sous-sol de la maison familiale. De nombreuses gammes et plusieurs musiques de Beethoven et de Chopin s'envolent de ce carré de bois. À la moindre mélodie réussie, cette musique se marie à ma propre respiration.

Ce piano devient une bouée de sauvetage pour endurer les heures d'attente interminables qu'entraînent les absences de mon père lors de ses tournées européennes.

J'adore ce sentiment de perdre toute notion du temps pendant mes répétitions qui me transportent directement dans un lieu exclusif, celui de l'ardeur et du mérite. Puis, devant un passage difficile de Bach, j'entends un grincement de porte. Je quitte portées et clef de sol et me dirige vers les marches de l'escalier.

En levant la tête, tout doucement, je vois mon père, impassible et pensif.

Je suis étonnée et lui demande :

— Papa ! Qu'est-ce que tu fais ?

— Ah ! Rien ! Ben, je t'écoute, c'est beau.

J'ai pensé que j'avais du talent.

La promesse

Mon père doit nous quitter encore une fois pour une tournée en Europe. Trois semaines sans lui. Vingt et un jours.

Pour la fillette de sept ans que je suis, l'éternité serait moins longue.

Ses départs me rendent malheureuse. J'ai l'impression de laisser échapper un diamant précieux dans l'abîme du monde. Mon phare disparaît pendant des jours et, malgré ses coups de téléphone tous les soirs, il m'échappe. Les grésillements de ses appels d'outre-mer me sont insupportables. Ses phrases sont coupées et je ne comprends pas toujours ce qu'il me raconte. Alors, le vertige me prend.

Je perds pied.

Je suis submergée de tristesse et, pendant ses absences, j'attends. J'attends patiemment que ce père au regard si tendre réapparaisse dans mon quotidien.

Il essaie d'enjoliver la chose.

Il m'explique que ces grésillements mauvais sur la ligne téléphonique sont normaux. Il m'appelle de l'Europe et je suis à l'autre bout du monde. La ligne téléphonique doit traverser l'Atlantique et cette mer est si longue que, parfois, il y a des petits poissons qui mordent le fil et c'est pour cela que la communication n'est pas toujours parfaite !

J'ai cru à cette histoire si longtemps… !

Tour de chant

La journée de son départ est peinte de grisaille enveloppée de froidure. Il flotte dans l'air un parfum de gauloise refroidie. Ce n'est pourtant pas la première fois. Mais l'habitude ne vient pas malgré la succession de ses départs.

Assise dans le salon, je le regarde descendre l'escalier accompagné de sa guitare. Avec le craquement des marches sous ses pas, je sais maintenant que la rupture est imminente ; l'angoisse s'installe confortablement dans mon ventre.

Alors, il y a la quotidienneté des jours. L'école sans lui.

Le professeur téléphone à ma mère.

— Votre mari doit être en tournée ?

— Oui.

— Bon. Nathalie ne fait plus rien. Elle regarde par la fenêtre.

Et c'est bien vrai. Je n'attends que son retour. Ce père lumineux, passionné et inspirant.

Puis il revient. Je suis si heureuse.

Le professeur téléphone à ma mère.

— Votre mari doit être de retour ?

— Oui.

— Bon. Nathalie a très mal au ventre et ne bouge plus, couchée sur son pupitre. Votre mari peut venir la chercher ?

Mon père arrive quelques minutes plus tard. Anxieux. Inquiet. J'entends sa voix. Je vais déjà mieux. Il me prend dans ses bras et nous voilà dans la voiture.

— Ça va ?

— Ben oui. Tu es là.

Mal de ventre disparu. Il me garde avec lui, comprend, sourit en hochant la tête.

Et je reprends ma vie là où elle s'était arrêtée avant son départ.

Le paon

Mon héros adore les animaux. Durant mon enfance, parmi des moutons, des chèvres, des poules, des lapins, des vaches, des taureaux, des chevaux, des chiens, des chats, des tourterelles, des pigeons voyageurs, nous nous retrouvons avec un paon. Un paon à la queue bleue et verte, immense, qui se pavane en parfaite liberté.

Mais notre chien, si chasseur, a du mal à se contenir. Mon père lui répète sans cesse : « Non, Bobino. N'y touche pas ! »

Il baisse les oreilles, abdique, reste silencieux, gémit un peu.

Viennent l'automne et les oies blanches. Et les feuilles colorées. Et le vent frisquet. Et la corvée du bois de chauffage. Et la récolte du jardin. Puis, dans un tout petit moment d'inattention de notre part, le paon se retrouve, inerte, dans la gueule de Bobino.

L'œil piteux de notre chien et l'œil compréhensif de mon père font en sorte que ce moment terrible soit celui de la vie, comme la rosée givrée d'un matin d'octobre annonce un proche avenir d'hiver.

Un loup ne se transforme pas en brebis.

Le train

C'est un matin frisquet de décembre. Je me faufile jusqu'à ma voiture et, tout doucement, je la laisse glisser sur la neige comme un bateau le ferait sur l'eau. Après un arrêt pour cueillir un ami, nous voilà dans le stationnement de la gare centrale de Québec. Nous allons prendre le train. À cette seule pensée, ma mémoire est chatouillée par le rappel des retours à la maison de mon père après ses tournées. Alors, une boule pousse au creux de mon ventre.

Installés dans cet engin, nous patinons sur la neige à gros flocons vers Montréal. Les paysages blancs enjolivés de lumières de Noël m'apaisent. Mon ami parle avec beaucoup d'enthousiasme. Son père était chef de train. Ces souvenirs éclatent de partout. Je l'écoute, amusée, mais j'ai toujours cette boule en moi.

Au moment où l'on nous prévient de notre arrivée prochaine à Montréal, mon souffle s'accélère. Le train s'engouffre dans un tunnel. Je me retrouve dans un lieu caverneux, bruyant, à marcher vers la gare.

Les sons m'assaillent. Ma tête chavire. Rien n'a véritablement changé. Une voix annonce les arrivées et les départs des trains dans l'excitation et la fébrilité des voyageurs. Je retrouve la multitude de magasins et de restaurants, je décèle la patience des gens, je perçois la tristesse des adieux, je souris au bonheur des retrouvailles.

Et moi. J'ai en mémoire mes huit ans alors que je suis à la gare et que je cherche la silhouette de mon père revenant d'un de ses tours de chant. Mes yeux embués souriant à la petite fille qui espère apercevoir la tête blanche de son père au milieu de la foule.

Durant tout le trajet, inconsciemment, je l'ai encore espéré, avec toujours cette certitude qu'il finira par revenir de son long voyage.

Noblesse

En tournée d'adieu européenne, mon père a amené toute la famille en Suisse, à Lausanne, pour un séjour de neuf mois.

Je suis bien angoissée de commencer ma nouvelle année scolaire dans une école inconnue. Je vis mes premières nuits d'insomnie, mais de savoir mon père présent et disponible me rassure. Sa voix-violoncelle me réconforte : je deviens forte.

Installée dans mon lit, je somnole doucement malgré l'après-midi qui commence. L'idée de la rentrée scolaire me rend un peu fiévreuse et ce repos me donne sans doute le courage nécessaire pour franchir les portes de ma quatrième année.

Son bureau est situé dans une aire ouverte à l'étage. Le son familier de sa machine à écrire me berce comme si des ailes de papillon recouvraient ma jeune âme perdue.

Mon sommeil est lourd. J'ai une impression de chute vertigineuse et sans fin. Le vide me surprend. Je tombe dans un trou et mon cri, étouffé, meurt dans ma gorge. Cette fois-ci, je ne reste pas dans la torpeur de ce cauchemar et me précipite vers mon héros car je le sais seul. Ses bras de titan me protègent.

Comme la vie sans lui sera difficile.

L'école se trouve à cent pas de ma maison. Mon groupe de quatrième année compte quatorze garçons et sept filles.

Dès la première journée, tous les élèves se présentent et sont d'une très grande gentillesse à mon égard. J'en suis très émue et je développe une confiance plus forte en cette nouvelle vie. Au fil des jours et des rencontres, je me lie d'amitié avec chacun d'eux. Le garçon fort de la classe, Laurent, devient mon « protecteur », et je me sens en sécurité avec lui.

Puis, un matin, deux jeunes hommes de ma classe viennent frapper à ma porte.

— Bonjour, monsieur Leclerc. Est-ce que nous pouvons accompagner Nathalie à l'école ?

— Euh... Ben oui, avec plaisir !

— Nous pouvons apporter son sac aussi.

— Eh ben... Titi !

Et me voilà dans le cadre de la porte, les joues en feu.

Ce sont André et Lionel. Et après cette première fois, chaque matin amène un ami différent qui m'accompagne dans ma traversée des champs de vignes.

Puis, Lionel devient mon petit amoureux. Les autres garçons sont déçus, mais ils ne s'en offusquent pas. Laurent ajoute à l'intention de Lionel de prendre bien soin de moi et il me fait gauchement une belle accolade.

À partir de cet instant, le regard de mon père vers moi commence à se transformer.

« Ma petite fille, déjà ? »

La Tzigane

Nous sommes à Paris et marchons sur le bord de la Seine.

J'ai toujours été impressionnable. C'est peut-être pour cette raison qu'aujourd'hui, avec une simple odeur ou un mot particulier, ma mémoire chavire. L'impression est marquée en moi comme une cicatrice et me voilà pour quelques instants en un autre temps.

J'ai en souvenir l'image très forte d'une femme accroupie près de la Seine. Cette femme sourit. Elle est belle, et je ne sais pas si je dois avoir peur. Sa jupe multicolore et ses cheveux argentés très longs me fascinent. Ses bracelets nombreux cliquettent sur son poignet. Elle ouvre la paume de sa main vers mon père. Je sens chez lui un malaise. Il arrête de marcher et regarde cette femme. Puis, fouillant dans sa poche, il me tend de l'argent en me faisant signe d'aller vers elle pour le lui apporter.

Je suis paralysée. Est-elle sorcière ? M'attrapera-t-elle sous son foulard ? Mon père n'insiste pas et va vers elle. Je reste sur place et je le regarde lui sourire en se penchant pour lui remettre un peu d'argent. Il revient en me tendant la main et nous continuons notre promenade. Puis, quelques secondes plus tard, je me tourne vers cette femme et je la vois faire un signe de croix en direction de mon père. Son sourire est radieux. Elle chuchote quelque chose en me regardant. J'ai presque un vertige.

Dès cet instant, j'ai le sentiment que mon père est un géant.

Dans ma tête d'enfant, je me suis dit qu'avec l'image bienheureuse de cette femme bénissant mon père, le mauvais sort n'arrivera jamais jusqu'à lui.

Il sera éternel.

Le passeur

L'année en Suisse se déroule rapidement. Notre maison, installée sur la rue William, reçoit de nombreux amis. Je me souviens d'un groupe de musiciens québécois fort populaire. Mon père, qui a rarement interprété des chansons qui n'étaient pas les siennes, est enchanté par une pièce de leur dernier album. Ils sont de passage en Suisse et viennent lui rendre visite.

J'ai toujours été fascinée par le regard des autres sur lui. Ces jeunes gens, habillés étrangement, débarquent à peine chez nous qu'ils sont subjugués par sa prestance. Mon héros se gratte la tête, signe de malaise. Puis ils jasent de musique et la gêne disparaît.

Dehors, les primevères semblent écouter, d'un pétale attentif, les éclats de rire qui résonnent dans le salon. Puis, le groupe se lève et le chanteur de la bande dit : « Beau Dommage n'aura jamais été aussi honoré que vous interprétiez *Le phoque en Alaska*. Merci beaucoup. »

Il sourit et se gratte à nouveau l'arrière de la tête. Mon frère et moi courons dans la maison, enflammés comme des petits tisons rouges du plaisir d'avoir assisté à une rencontre si agréable.

Plus tard, en soirée, nous discutons activement autour de la table. Mon père nous écoute attentivement et regarde ma mère.

« Il est temps de retourner chez nous. Je ne reconnais plus l'accent de nos enfants ! On dirait des petits Suisses ! »

Les primevères, somnolentes d'une journée si chaude, semblent frémir à l'idée de ce départ imminent.

Il était un trophée

Mon héros au téléphone.

« … Ben, c'est beaucoup d'honneur ! »

(…)

« C'est gentil, Guy. T'es vraiment sérieux ? »

(…)

« Ouais. Un aller-retour ? »

(…)

« C'est pas trop ? Une limousine ? »

(…)

« Ben, OK. Dans deux semaines. Parfait. À bientôt ! »

Il raccroche et nous raconte :

« Eh ben. C'était Guy Latraverse au téléphone. Ils créent un prix pour les artistes et il va porter mon nom. C'est beau, hein ? Ouais. Il va falloir que je me rende là-bas. Mais ça sera pas trop long. Une limousine. Ils viennent me chercher en limousine. »

Ma mère écoute son mari, mais ne lui répond pas. Elle n'en a pas besoin. Son sourire rempli d'admiration apporte toutes les réponses recherchées.

Nous revenons de notre année passée en Suisse. Sa tournée d'adieu européenne a été mémorable. Son « Merci, la France » a été reçu avec beaucoup de respect et de reconnaissance. Mon père vit la plus belle période de sa vie. Il n'a plus l'angoisse du débutant. Il devient un chêne aux très longues racines.

* * *

Une belle limousine descend l'allée de notre entrée. Il nous embrasse tous et, en compagnie de Guy Latraverse, saute dans cette grande voiture. Je me précipite à la fenêtre du salon pour regarder ce bolide prendre la route et voir mon héros sortir sa grosse main par la portière pour nous saluer. Ce geste m'enveloppe comme une couverture de laine bien chaude.

J'ai toujours le cœur gros quand il me quitte. C'est comme si j'arrêtais de vivre.

* * *

Le gala commence. Nous sommes, ma mère, mon frère et moi, assis devant la télévision. À l'ouverture du rideau, on voit un énorme escalier installé sur la scène. Mon père devra-t-il descendre toutes ces marches ? Le regard de ma mère se fait inquiet.

Début de l'émission. Présentation de ce nouveau prix. Et le voilà qui apparaît en haut des escaliers et descend les marches une à une. À la maison, nous retenons notre souffle.

Il y arrive. Prend le trophée offert par Gilles Vigneault, pose un regard timide sur la foule, puis la salue d'un signe de tête avant de disparaître en coulisses. Nous sommes tous émus. Son regard et sa présence ont suffi. Aucune parole, simplement lui et son sourire franc.

Il reprendra tout de suite la limousine pour revenir vers son repaire. Il n'ira pas au cocktail ni à la rencontre des gens du gala. Maintenant, il n'y a qu'un endroit qu'il affectionne plus que tout au monde : son île, auprès des siens. Je crois même qu'il est rentré à la maison alors que le spectacle n'était pas encore terminé !

J'étais si comblée de le voir revenir, heureux, intemporel, lumineux. Je vivais mieux. Je vivais toujours mieux quand il était là.

Mes dix ans

La fin de l'été ramène mon anniversaire de naissance et le début des classes. Mais cette année-là, nous avons de la visite.

Discussions animées. Soupers gargantuesques. Rencontres ardentes. Et les blagues de mon père. Il raconte souvent les mêmes, mais je les écoute attentivement car leur chute est toujours différente. Je suis éblouie par la façon qu'il a d'entortiller ses mots et de voir l'assistance boire ses paroles. Puis, éclats de rire. Ceux de mon père sont les plus grands, mais silencieux. Il se donne d'immenses claques sur les cuisses en arborant un sourire grand comme cela.

Rares sont les gens qui passent la nuit chez nous. Mais ce matin-là, un couple partage notre petit-déjeuner. Quelque chose d'intemporel réunit mon père et cet ami. Une rencontre entre la terre et l'eau, entre un arbre bien planté dans le sol et une grande rivière à saumon.

Avant mon départ pour l'école, Gilles Vigneault, au regard qui évoque la mer, me chante *a cappella* une chanson à peine connue à l'époque : *Chère Nathalie, c'est à ton tour, de te laisser parler d'amour...*

Je suis enivrée par ce petit matin. J'entends à nouveau, aujourd'hui, le chant finement murmuré de ce poète aimé.

Le carreau de la classe

Je suis une fillette fragile et sensible. Chacune de mes journées apporte son lot de difficultés scolaires. Mais je capte aussi la beauté du chant de la mésange qui me regarde déjeuner pendant qu'elle fait de même, installée à la mangeoire de la fenêtre de la cuisine. Je suis ce petit oiseau. Je m'évade avec lui avant de me retrouver sur les bancs de l'école.

C'est qu'au retour de notre année en Suisse, mes parents ont décidé de nous changer d'établissement. Finie l'école du village. Mon frère et moi sommes maintenant dans un établissement privé géré par des religieuses.

Tenue vestimentaire obligatoire. Sévérité. Adversité. Je m'ennuie de l'oisiveté de mon année passée dans le canton de Vaud. Où sont donc mes amis suisses ? Depuis notre retour au Québec, la réalité est tout autre.

Je ne suis plus la mignonne Québécoise adulée de la classe, ni celle qui a un amoureux. Maintenant, les Québécois ne me regardent même pas et je bûche fort pour réussir cette nouvelle année. Le retour au bercail est brutal mais nécessaire. La vie ne se résume pas uniquement à marcher longuement au milieu des vignes, main dans la main avec mon petit ami suisse.

Alors, il y a les dictées. Les leçons. Les devoirs. Et le carreau de la fenêtre à la porte de ma classe. Pas une semaine ne se passe sans que je remarque la directrice d'école, accompagnée toujours d'un étranger, derrière cette porte vitrée. Avec le temps, je constate que chaque fois que cette religieuse y apparaît, elle pointe son index vers moi. Je ne comprends pas. Pourquoi me désigne-t-elle de la sorte ?

Un jour que cette porte est restée entrouverte, j'entends très clairement la directrice marmonner une phrase qui se termine par la lettre X. Certains élèves entendent aussi et les plus perspicaces se tournent vers moi. Et je saisis. X comme dans la fille de Félixxxxxx.

À partir de ce moment, j'ai compris que le prénom qui serait le plus utilisé dans ma vie ne serait pas Nathalie, mais plutôt l'expression « la fille de Félix ».

— Comment t'appelles-tu ?

— La fille de Félix.

Je m'y suis habituée. Je suis la seule fille au monde à pouvoir dire : *Je suis la fille de Félix Leclerc.* Quelle veine !

Veine ? Couteau à deux tranchants.

Sœur Gabrielle

Par grandes tempêtes, l'hiver souffle une grêle qui éclabousse notre visage ou, par journées pluvieuses, l'automne apporte une montagne infranchissable aux sentiers sinueux. Mais, au travers de ce vent glacé ou de cette terre cahoteuse, la naissance d'un crocus surprend. Alors, le froid semble moins traître et les pas deviennent plus légers. La neige s'adoucit et la fardoche s'assouplit. Le chemin s'illumine, étoilé, et la mémoire courageuse enregistre cette éclaircie. La vie soupire, quelque peu soulagée, et les bras s'ouvrent.

Les tours de chant fréquents de mon père ont peiné beaucoup la petite fille trop émotive que j'étais. Et puis il y a eu sœur Gabrielle.

J'ai dix ans et je suis en cinquième année à l'école primaire Saint-Cœur-de-Marie, à Beauport. Sœur Gabrielle, ma professeure, nous demande d'écrire un texte d'une page. Nous avons trois jours pour produire cette composition.

La semaine suivante, les textes corrigés sont sur son bureau. Elle se met à lire une des compositions. Je reconnais la mienne. Enfant très timide, mon cœur veut éclater. Surprise, je me dis qu'elle doit aimer mon texte pour le lire ainsi, devant toute la classe. Moi, élève aux notes si désastreuses.

Le regard de sœur Gabrielle pendant la lecture me semble étrange. De plus en plus, je n'aime pas cette façon qu'elle a de me dévisager. Et je ne comprends pas pourquoi je me sens si mal.

« Je vous ai lu ce texte de Nathalie Leclerc car il est l'exemple même du plagiat. »

Le silence dans la classe est total et tous les yeux sont tournés vers moi. Sœur Gabrielle me regarde avec dans l'œil une lueur de mépris. J'ai envie d'éclater en sanglots. Mais qu'a-t-elle donc? Je veux vomir.

— Vous comprenez ce mot, *plagiat*? Ce texte que je viens de vous lire n'est certainement pas de Nathalie Leclerc mais plutôt de son père, l'auteur Félix Leclerc. Plagiat veut dire : copier. Et pour cela, je mets un zéro sur cette copie.

Elle me lance littéralement la feuille en plein visage.

J'encaisse dans la douleur et tremble de tout mon corps. Puis je m'entends dire, dignement, moi si gênée, moi si effacée :

— Jamais je n'ai copié mon père.

Son regard affreux m'assombrit le cœur. Je me tais. Elle réussit à tuer le crocus qui commence à pousser en moi. Brisée par la détresse semée par cette religieuse, j'ai continué à écrire, mais seule, dans l'obscurité, à la lueur d'une chandelle.

Il m'aura fallu presque trente ans pour arriver à prendre à bout de bras ne serait-ce que quelques étoiles, pour les transformer et voir l'écriture prendre toute la place dans mon existence.

La musique

Il est poète, musicien, écrivain et chanteur. Mais je ne le sais pas. Je grandis avec un père qui chante, qui écrit, qui se relit dans son bureau tous les matins.

Après son dîner et sa sieste, il passe le reste de l'après-midi à l'extérieur, à regarder. Quelquefois, il quitte notre île pour aller gagner sa vie. Il revient chez nous et sa petite rengaine quotidienne recommence.

Un jour, je suis en visite chez des amies de mon âge. On discute de nos parents et de ce qu'ils font dans la vie. Personne chez les parents de mes copines ne chante, n'écrit, ne se relit et ne part quelque temps pour aller gagner sa vie loin d'ici. Ils travaillent tous entre neuf heures du matin et cinq heures de l'après-midi.

Je suis étonnée.

Puis on discute musique. Ces mêmes amies me parlent des chansons écoutées par leurs parents. Je ne connais rien à ce qu'elles racontent. À part le chant de mon père qui résonne de belle façon en matinée chez nous, il n'y a pas de musique. Et aucun des papas de mes amies ne chante tous les matins dans son bureau.

Je suis doublement étonnée.

Et je réfléchis à tout cela. Ce n'est pas tout à fait vrai.

La seule véritable musique que mon père écoute chez nous à tue-tête dans le salon est celle des Tziganes. Les seules fois où j'ai vraiment vu mon père pleurer, c'est durant l'écoute de ce disque de Tziganes. Je vois encore la pochette de cette énorme femme, maquillée et coiffée de grasse façon. Son chant est mémorable. Les mélodies bouleversantes et les voix déchirantes proviennent, sans aucun doute pour une fille de dix ans, des profondeurs d'une âme triste.

La musicalité de ces chants réveille l'immortalité espérée des êtres qui sont tous condamnés à vivre, malgré tout, leur dernier battement mortel.

Le soupir de la terre

Une odeur de délivrance éclate en plein visage. Un vent doux et sucré enveloppe l'air du temps qui se libère du froid hivernal. Les corneilles, amoureuses, se cajolent. C'est le printemps.

Dès l'arrivée de cette chaleur, mon cœur bat toujours un peu plus vite : la fonte des neiges, les manteaux légers, la fin de l'école qui approche et le sourire de mon père.

Chacun des jours qu'apporte cette saison, je le trouve dehors, pic en main et œil brillant. Il s'amuse littéralement en se créant un monde de minuscules chemins glacés, « pour laisser couler l'eau » et libérer la terre de cet enfer blanc qui semble éternel au mois de février. De dessous, une odeur sublime se dégage, celle du souffle de la terre prisonnière depuis des mois de la froidure bleue. Puis l'éclatement.

Un brin d'herbe, l'embryon d'un narcisse, la disparition de la neige devenue noire, le réveil des mouches et les escapades de notre chien Bobino vers la femelle du voisin.

Le soir venu, je m'endors tout en réfléchissant à ce réveil perpétuel de la nature. Pourquoi ce renouveau annuel ? D'où vient cette constance ? Suis-je le début et la fin d'une vague enfermée dans l'océan ?

J'ai soudain l'impression que mon père a la force nécessaire pour libérer le soupir de la terre, année après année.

Visite impromptue

Deux ans se sont écoulés depuis notre retour de Suisse. Notre vie familiale sur l'île d'Orléans se dessine comme un saule pleureur bien ancré dans un fleuve qui se laisse chatouiller par une eau parsemée de bois flotté.

C'est une journée suffocante. Celle où même une douche fraîche ne suffit pas à refroidir le corps. Alors, en plein cœur d'un après-midi vallonné de canicule, me voilà dans notre piscine à nager comme une sirène au long cours.

Je m'apprête à faire un plongeon quand j'aperçois une famille descendre l'allée de notre entrée. Un jeune homme, tout sourire, m'envoie la main en lançant mon nom d'une voix chantante.

Je plonge. Médusée. Qui est ce rossignol ?

Je demeure le plus longtemps possible dans l'eau à réfléchir à ce garçon. Puis j'entends au travers des bulles d'air : « C'est moi, Lionel ! Lionel ! »

Mes parents vont vers eux. Poignées de main, sourires, souvenirs. Je suis intimidée. Lionel a toujours la même bienveillance envers moi.

Ils ne resteront pas longtemps. Mon père, d'un regard espiègle, me demande d'aller les reconduire à leur voiture. Enroulée dans ma serviette de bain, je marche presque silencieuse et j'écoute les propos de mon ami. Son accent me rappelle cette année si heureuse en Suisse.

Une rivière peut crever un barrage grâce à une faille dans sa structure, comme la rapidité du temps nous pourchasse et nous saisit trop facilement. Lionel m'enveloppe de nos neuf ans. Je réalise combien le temps nous échappe. Cette parenthèse marquante dans ma vie prend tout son sens.

Quelques semaines plus tard, je reçois ma première lettre d'amour où je vois encore une multitude de gros cœurs rouges dessinés au crayon de bois. Je lève les yeux et je croise l'énorme sourire de mon père.

L'arbre fleurit.

Devenir grande

Presque un pays

Aujourd'hui brûle en moi le feu d'une phrase prononcée devenue, par ses mots dévoilés, un regret inconsolable.

Mon inconscience. Mon aveuglement.

Son pays. Mon père en rêve longtemps. De toutes ses forces. Il en fait des textes, qui encore maintenant sont utilisés. Il est de tous les combats, avec les René Lévesque et ceux et celles qui y croient. C'est noble, grand et pur. Enchantement, envoûtement. Jusqu'à la fin. Jusqu'à la toute dernière note, devenue fausse et mauvaise. Transformée en trahison et perte.

Ce soir-là, un avion attend le signal pour faire l'aller-retour entre Montréal et Québec. Il doit transporter une personnalité choisie par le premier ministre pour annoncer à la nation *le pays* obtenu démocratiquement.

Cette personnalité est Félix Leclerc.

Mais le petit avion reste dans son enclos. Il n'y a pas de fête ni de nouveau pays. Il n'y a que de la grosse tristesse envahissant le corps et le cœur. Du goudron bien noir et opaque.

Ce soir-là, il y a le désespoir dans les yeux de mon père. Une société écrasée et bafouée. Un peuple manipulé et évanoui.

* * *

Quelques semaines plus tard, écoutant la déception constante de mon père de n'avoir pas *de pays*, je lui dis, du haut de mes douze ans : « Ah, toi pis ton pays. »

Son regard fut abominable. Terrifiant. Cauchemardesque. Moi, ingrate et insignifiante, je ne comprends rien à son pays.

J'en ai encore l'âme éparpillée de remords.

Madame Pichette

Elle est la gardienne, l'hôtesse, l'amie, la confidente des visiteurs impromptus qui débarquent chez mon père. Des amoureux de Félix, des *fans* éternels, des fous furieux, des illuminés sans filet ou des gens ordinaires qui veulent simplement saluer et remercier l'artiste d'être ce qu'il est.

Une barrière installée devant l'entrée principale de la maison familiale souligne parfaitement le besoin de vie privée de notre famille. Mais la maison voisine au toit rouge semble accessible, car son chemin de terre battue n'a pas de clôture disgracieuse. La plupart des gens osent s'y aventurer et, timidement, frappent à sa porte. Ils jasent un peu avec cette habitante et, reconnaissants, quittent l'île imprégnés d'une éclaircie. Ils n'ont pas rencontré leur idole, mais ce petit bout de femme, fort sympathique, fera le message de leur venue auprès de mon poète de père.

Je vais la visiter de temps en temps, quand je suis dehors et qu'elle me fait de grands signes de la main.

Elle m'offre un verre de jus et, avec son regard clair, elle me raconte sa maison, ses petits-enfants et me dévoile quelques souvenirs. Puis, lors d'une de mes visites, elle m'annonce dans un grand sourire une mystérieuse nouvelle :

— Un jour, cette maison sera la tienne.

Ma maison ? Je ne comprends pas. Elle m'explique : sa maison deviendra la mienne grâce à une entente datant de plusieurs années entre son mari et mon père.

— Quoi ?

J'ai treize ans. Ma tête bascule. Ça semble bien compliqué. Elle sourit et me parle des confitures qu'elle fait avec ses roses et me montre sa rocaille en me disant combien elle déteste les couleuvres qui s'y cachent.

Je ne divulgue pas cette rumeur, mais un saisissement s'empare de moi. Mon corps tressaille. Un nid solide espéré sur la plus haute branche d'un sapin se bâtit.

Le désir.

Récital de piano

Je suis pensionnaire durant mes trois premières années d'école secondaire. C'est difficile. Mal de vivre. Sentiment d'abandon. Repères perdus.

Mais je joue du piano, seule, dans un cubicule. J'y travaille des heures et des heures. Je voyage avec lui, rassurée quelque peu de cette vie qui me crie *Que feras-tu quand tu seras grande ?*

Lors de ma première rencontre avec ma professeure, j'ai joué *Für Elise*. Je me suis transformée en petite rivière débordante. J'ai tellement pleuré que mes larmes ont maculé mes mains sur le piano.

Crise passée. Sourires gênés. Amitié naissante avec sœur Isabelle.

Vers la fin de l'année scolaire, elle me fait une proposition.

« Pourquoi ne pas présenter quelques pièces de ton père au piano pour le récital de fin d'année ? Tu lui feras la surprise le soir même. »

Quelques semaines plus tard, traquée comme une souris au fond de son trou, je me présente sur scène, les mains moites et le cœur qui se débat dans ma poitrine et résonne trop fort dans ma tête. Je m'installe et je joue des extraits de *Notre sentier*, *Le p'tit bonheur* et *Le bal*.

Les bouts de mes doigts touchent le bleu du ciel. Mon cœur bat maintenant au même rythme que mon souffle. Cette foule devant moi est un immense bloc de sourires. Je deviens littéralement une autre personne. Je suis maintenant quelqu'un.

Et mon père. Sa grosse voix remplie de bravos se rend jusqu'à moi comme un baiser. Je me lève, mais je ne marche plus : je vole.

Une conférence

Après plusieurs invitations, mon père accepte enfin de venir à mon école pour donner une conférence.

— Titi, as-tu envie que j'y aille ?

— Ben oui !

— Alors, je vais y aller.

Le voilà dans la plus grande salle de mon établissement secondaire. Timide, un peu mal à l'aise, il serre les mains de toute la congrégation de Saint-Cœur-de-Marie. Il me fait un clin d'œil au milieu des autres filles et me sourit. Mon cœur double de volume. *C'est mon père à moi.*

Puis, dès le début de quelques phrases, un silence s'installe et sa voix nous transporte. Il raconte la constance de la lune, la persévérance d'une forêt, le courage de son voisin atteint du cancer. Il décrit l'existence, à sa façon, pour des jeunes filles de troisième secondaire. La quotidienneté avec lui n'existe pas.

Le regard des religieuses, buvant ses paroles comme à la source d'un matin de Pâques, me captive. Toutes mes amies me disent, après la conférence, combien j'ai un père marquant.

Toutes sauf une.

Maryse vient vers moi avec son regard mauvais, telle une hyène affamée.

« Ton père est intéressant, mais il est tellement vieux. »

J'ai quitté la salle ma main dans celle de mon père, et j'ai regardé Maryse droit dans les yeux, encore sous le choc de ses paroles. Mon père est vieux ?

Le soir venu, j'ai répété cette phrase à ma mère.

« Tu préfères un jeune père ordinaire ou un vieux père extraordinaire ? »

J'ai souri du bonheur d'avoir un papa si âgé.

J'ai mis ma plus belle robe et me demande pourquoi me voilà couchée dans le gazon sous un arbre.

«Euh… Excusez-moi, je suis bien chez Félix Leclerc?»

Je lâche un cri. Prise dans une sorte de béatitude, j'ouvre les yeux et je vois en plein soleil un être aussi grand que le géant dans le conte du haricot magique.

Je me lève d'un bond, ma jolie robe devenue moite par excès de chaleur, et je dévisage cet homme. Son œil gauche est légèrement fermé.

Il comprend ma crainte. Mais la douceur dans ses gestes et sa voix posée brûlent ma peur.

— Je suis Paul Rose. Je sais que ça ne se fait pas d'arriver chez les gens comme cela, mais… Étant sur l'île d'Orléans, je n'ai pas pu résister… Pardonnez-moi. J'aimerais saluer votre père. Je suis Paul Rose.

— Je… Je ne sais pas trop… Nous nous préparons à aller à un mariage… Je vais voir.

Je me précipite dans la maison. J'entends ma mère se plaindre de ses habits chics.

— Papa! Papa! Il y a un homme pour toi dehors.

— Nathalie, répond ma mère, on se prépare pour le mariage! C'est pas le moment!

— Oui, mais je sais pas trop, son nom me dit quelque chose. Paul Rose.

— Quoi? répond mon père.

— Paul Rose.

— Le Paul Rose?

— Je sais pas.

— Mais… On part dans cinq minutes, ç'a pas de bon sens.

— Je… Je lui dis que tu es trop pressé ?

— Ben oui, maudit.

— Je suis désolée. On part dans cinq minutes…

— Ah. C'est dommage. Bon. Je comprends. Tu le salues pour moi, hein ?

Je regarde ce grand gaillard déambuler vers sa voiture. Il a l'air triste. Il semble traîner sur ses épaules tout le malheur du monde.

* * *

La journée de la mort de mon père, une rose rose a été déposée dans notre boîte aux lettres.

Une chanson

Fin de matinée. Un flottement heureux baigne chez nous. Mon père travaille dans son bureau et ma mère termine la lecture du journal. Nous sommes samedi. Assise au salon, j'angoisse à nouveau sur cette question qui hante mon quotidien : *Que feras-tu quand tu seras grande ?*

Puis, la clenche de la porte s'ouvre dans un grand bruit et mon père descend les marches de l'escalier avant d'aller directement vers ma mère.

— C'est pas parce que j'écris cela que tu dois le faire !

— De quoi tu parles ?

— La chanson que je suis en train d'écrire, il y a une phrase… Un peu forte…

— Depuis quand je suis tes conseils?

— Tu me le promets?

— Ben oui.

Il retourne à l'écriture, vers ce soleil clair-obscur, perpétuel mythe de Sisyphe.

Cet état dans lequel la création d'un texte transporte m'a émue. C'est une chance inouïe d'avoir cette portée en soi.

C'est à cette époque que j'ai commencé véritablement à apprivoiser l'écriture, dans l'obscurité, à la lueur d'une chandelle.

Le chêne

L'enfance devient un songe. L'adolescence pointe le jour. Je découvre l'œuvre de mon père, à petites doses, comme un désir de chocolat fondant.

L'été de mes quatorze ans m'apporte une promesse.

De la fenêtre de ma chambre, je remarque mon père qui marche sous les chênes. Il semble vagabonder dans un autre monde et offre une existence hors du temps sur ce paysage verdoyant.

Les arbres l'entourent de leurs longues branches. Une grande bouffée m'envahit et ce souffle déclenche en moi la nécessité de marquer d'une pierre blanche ce que mon père me transmet par sa présence.

Pour le remercier de l'enfance que j'ai eue.

Créer un endroit pour le souvenir de l'homme qu'il est et de l'œuvre qu'il écrit. Inventer un lieu de rencontre entre l'artiste et le public. Un lieu qui touche à l'intemporalité du poète.

Jamais je ne lui en ai glissé un mot. Il m'aurait plutôt dit *fais autre chose de ta vie.* Mais peut-être qu'une petite lueur dans son œil aurait illuminé son regard.

Au début du nouveau millénaire, après un travail acharné, l'Espace Félix-Leclerc verra le jour sur l'île d'Orléans.

J'ai demandé au père de mes enfants de planter un chêne devant ce lieu pour qu'à son tour cet arbre devienne la mémoire d'une promesse réalisée.

L'HORREUR

Par temps clair, mon père reçoit un poète à la nostalgie dévorante. Il est accompagné de ses deux fils.

Julos Beaucarne est timide et très tendre. Sa voix, à peine audible, raconte une histoire perdue, oubliée mais gravée en lui pour le reste de son monde. Ébranlé dans son quotidien d'homme disloqué. Il vit, malgré ce feu inextinguible.

Mon père et le malheur de Julos. Troublé et le regard découragé, il reprend son souffle mais ne dit mot. Le soleil s'éloigne derrière les nuages, assombri de tant de malheurs pour un seul homme. La beauté de ses fils équilibre l'horreur de ses propos. *Maman a été assassinée,* semble dire l'un d'eux sous son toupet blond blanc angélique.

Une voiture passe. Le silence imprègne à nouveau ces êtres aux paroles difficiles à dévoiler.

Sourire de mon père, épaules tombantes, impuissance. Regard triste de Julos, poignées de main solides, espoir dans le fond de l'œil. Il vivra même si l'éclair a tué son amour. Il vivra malgré le reste et les autres. Il écrira au-delà des mots ce fardeau qui le pourchassera jusqu'à la fin.

Il nous quitte, entouré de ses fils à lui et à elle, devenus espérance pour traverser ce temps qui reste. Précieux temps où bataille et désespoir se côtoieront.

Mon héros, debout, les mains sur les hanches, les regarde partir. Son regard se perd et j'imagine à mon tour perdre l'homme que j'aime par assassinat. Un coup d'œil vers le ciel et nos yeux se retrouvent. Silence. Le bourdonnement d'une abeille surgit. Elle butine le rosier jaune planté par ma mère.

Le phare de bois

Adolescence.

Dans ces moments de vide vertigineux, je me réfugie au camp. Assise sur la galerie, je contemple ce que pourraient être mes vingt ans, puis mes trente ans. Deux rouges-gorges se répondent pendant une éclaircie. J'apprivoise mon déraillement.

Mon regard se pose sur le phare situé à vingt minutes de marche du camp. Il m'appelle comme un amour perdu. Plusieurs dimanches d'été, je grimpe à son sommet. La proximité du fleuve m'éblouit. Le vent, toujours très fort à cet endroit, frappe violemment mon visage. Mes longs cheveux s'emmêlent. Je sens monter l'espérance d'un chant d'ailleurs.

J'écris.

Je reviens, bercée de cet avenir flou, vers la maison familiale. Le regard de mon père, inquiet. Sa prévenance m'émeut et je me précipite dans ma chambre pour pleurer un bon coup.

Je l'aime tant.

* * *

Le lendemain de sa mort, je me retrouve au phare de bois, cherchant le courage absent pour continuer à vivre. Le vent, toujours, me fouette le visage. Une chaleur, naissante, m'envahit. Puis, quelques mois plus tard, la foudre anéantit la structure de bois.

Un trou de plus dans mon ciel.

La cane

Un étang, depuis mon enfance, adoucit ma colère tout adolescente, quand, de la fenêtre de ma chambre, je laisse s'envoler mon regard vers l'ailleurs.

Depuis quelques années, une cane vient à barboter dans cette eau délicieuse dès le printemps. Toujours, plusieurs canetons la suivent de près.

Nouveau membre mensuel de notre famille, la cane chasse les froidures de l'hiver dès son arrivée. La verdure des arbres jaillit par grands vents. Les manteaux sont délaissés pour des chandails légers.

L'étang est nourri par un cours d'eau qui murmure d'un chant clair d'enfant. La cane nage d'un bout à l'autre du ruisseau durant ses longues journées. Puis elle découvre l'existence d'une suite à cette rigole de l'autre côté de la route principale.

La cane est trop grande pour passer dans le tuyau installé sous le chemin. Après plusieurs hésitations, elle comprend qu'en utilisant le chemin du dessus, elle pourra retrouver ce plan d'eau et nager à nouveau.

Mon père, amouraché de cette maman si prévenante, passe plusieurs après-midi à s'imprégner de cette candeur aveugle.

Elle traverse de plus en plus souvent la route principale, accompagnée, à la queue leu leu, de ses sept petits. Puis, lors d'une de ses nombreuses expéditions, les deux derniers canetons se font écraser par un bolide filant à toute allure.

Elle ne se retourne même pas.

Première voiture

L'ombre s'allonge derrière le camp au soleil couchant et devient plus longue que ce qu'elle illumine. Dès lors, unie avec la ligne d'horizon, elle disparaît dans l'obscurité. Demain. La pointe du jour.

Une amie de la famille vient nous rendre visite. Mère de trois jeunes enfants et mariée depuis des années, elle veut tout quitter pour un nouvel amour dont elle s'est éperdument éprise. Un homme dont la jeunesse illumine son regard. Elle est si belle. L'aube d'une seconde vie imprégnée en elle d'une pleine lune éclatée. Espérance entre les bras de cet homme, une flamme rouge vacille dans ses yeux de soie.

Mes parents écoutent son histoire. Ma mère est scandalisée. Comment peut-on tout quitter pour un homme si jeune ? Un *simple* boulanger ? Mon père ne dit mot.

Quelques semaines plus tard, il y a une petite Renault 5 de couleur or dans notre garage.

« C'est ton père, il voulait aider Marie et il a acheté sa voiture. Dès que tu auras passé ton permis, elle sera à toi. C'est un beau cadeau, hein ? »

Mon père, par ce geste remarquable envers elle, envers moi, m'ouvre l'ivresse de devenir une jeune fille et de tourner la page de mon adolescence.

Cette femme alliée à moi. Naître au cœur de cet amour.

Côte à côte dans cette petite voiture, il m'apprend à conduire et nous parcourons l'île d'Orléans. Sa patience est constante, calme, confiante.

« Tu deviens, à ton tour, cette harpe au vent. »

L'arbre grandit.

La Gaspésienne

Un soleil à perte de vue dans un bleu d'une profondeur du bout du monde. Ce genre de ciel où l'envie d'être un aigle aux ailes immenses me prend au ventre.

Une voiture la dépose devant notre maison. Le vent joue avec sa robe. Intimidée, elle demeure sur le bord du chemin.

Elle regarde longuement notre demeure à travers la barrière noire en fer forgé, cherchant sans doute le courage de franchir cette clôture.

Elle descend l'allée. Je suis éblouie par son regard doux mais terriblement fragile.

— Est-ce que ton père est là ?

— Euh… Oui, il est…

Alors que je lui montre le garage, mon père en sort, inquiet de me voir discuter avec une étrangère.

— Oui?

Dès lors, elle devient vraiment très belle. J'ai l'impression qu'elle va perdre pied, mais elle se ressaisit.

— Bonjour. Je viens de la Gaspésie pour vous rencontrer. Je suis venue vers vous pour... avoir un enfant de vous.

— ...

— Je ne vous demande rien d'autre. Vous n'entendrez plus jamais parler de moi par la suite. Je vous le promets.

Mon père se gratte la tête, perplexe. Il a dans le regard un mélange de fierté et de malaise grandissant.

Elle remarque dans ses yeux cette gêne et recule de quelques pas.

Le soleil du midi nous brûle la peau et une hirondelle, qui a fait son nid dans une lucarne, commence à s'énerver et à nous faire de grandes envolées pour que nous déguerpissions de son territoire. La jeune femme sourit.

Mon père fait un pas vers elle.

— Tu es toute jeune. Trouve-toi un amoureux et bâtissez-vous une belle famille!

Sa voix est si douce que ce n'est pas des mots que j'entends, mais une mélodie tzigane.

Les yeux de la Gaspésienne se remplissent de larmes. La main à sa bouche, elle murmure:

— D'accord.

Sans protester, sans supplier, elle se dirige vers le chemin principal dans un chuchotement de robe au vent.

Les yeux de mon père cherchent l'hirondelle. Ému, son regard s'enroule en lui. Déjà âgé, abasourdi par cette demande, figé dans cette minute qui s'égrène à coups de battements de cœur, il reste debout, bien droit. Le firmament du temps l'alourdit.

De la fenêtre ouverte, le cri impatient de ma mère.

Vis

Le chemin est long avant que la marée montante retrouve le large. Avant que la boule de feu assombrie par une rupture ne reprenne sa forme ronde et somptueuse. Avant que les larmes ne libèrent le visage anéanti.

Il s'agrippe.

Les chants rock écoutés à tue-tête à l'aide d'écouteurs bien calés sur mes oreilles n'arrivent pas à libérer cette ritournelle incandescente qui ne cesse de répéter la même chose.

Jean-François menace de se suicider si je ne retourne pas auprès de lui.

Je vais vers mon père qui travaille dans son bureau. Je frappe à sa porte, j'entre et referme aussitôt avant de m'asseoir sur le divan vert.

— Je fais quoi?

— …

— Jean-François me menace maintenant. Il veut se suicider. J'ai dix-neuf ans, papa!

Il jette un coup d'œil par la fenêtre. Au loin, très loin, le cri du train qui passe, présage de pluie quand ce hurlement traverse ainsi le fleuve. J'ai froid.

— Je ne sais pas, Titi.

Nouveau coup d'œil vers la fenêtre. Son regard se perd dans le ciel lourd d'une tempête d'automne. Rides sur son front. Il semble au bout d'un monde, siècle d'obscurité.

— Vis.

Je fais une longue marche jusqu'au fleuve. Mes pas écrasent les fleurs des champs. Quand je me retourne, déjà, elles se redressent.

* * *

Ma mère m'apprend qu'il y a des années, mon père a repoussé l'amour d'une jeune femme.

Après de nombreuses tentatives auprès de l'homme qu'elle disait être toute sa vie, cette âme perdue est retournée dans son Lac-Saint-Jean natal.

Au printemps, elle est allée marcher sur la grande étendue d'eau encore gelée mais fondante par endroits.

La glace a cédé sous son poids. Elle s'est laissée couler.

La fleur ne s'est pas redressée.

Devenir vieux

Sa voix

La voix de mon père. Étrange de profondeur. Adulée par la petite fille. Une voix qui se transforme en souffle me poussant comme pousse le vent sur le cerf-volant. Attaché à ce murmure telle une flamme, cet instrument a toujours la note juste. Jamais d'éclat ou de cri, mais solide quand nécessaire. Un ronronnement éclairé, une berceuse au soir venu, une mélodie tzigane.

Maintenant, il a arrêté de chanter. La respiration ne suit plus. L'asthme a ensorcelé ses poumons. Une note grave est alors venue s'ajouter au registre de sa parole. Un son différent. Un sifflement au-delà de la musicalité de son souffle. Un bruit inquiétant mais en mode mineur amplifié à son violoncelle. Sa voix, la belle, reste intacte malgré ce silement qui le poursuivra jusqu'à la fin.

Mon père n'a pas donné beaucoup de conférences. Depuis qu'il ne chante plus, on lui demande de lire quelques-uns de ses textes tout en racontant des fragments de sa vie qu'il veut bien évoquer.

« Pourquoi pas ? »

Je l'accompagne.

De la coulisse, je le regarde parler devant la salle. Mon cœur se gonfle d'inquiétude. Il a le souffle court. Sa fragilité palpable est attachante. Il réveille en moi la maman que je souhaite devenir et m'émeut avec son sourire d'enfant et ses yeux rougis par les médicaments.

Mon regard se tourne vers l'auditoire. Les gens semblent paralysés par sa voix, frappés par cette intonation nouvelle qui leur dévoile des détails de son existence. Il sème, outre l'instant présent, des parcelles de sagesse prenant forme dans l'absolu.

Moi ? J'ouvre les bras très grand et je gobe tout comme un bol d'air neuf offert par mon vieux papa que j'aimerai bien au-delà de sa vie.

L'arbre mûrit.

Un poète

Avec l'âge, des peurs naissent. La confiance se perd. Le vieillissement efface sournoisement l'inconscience aveuglée par la jeunesse. Le corps faiblit, ralentit, et l'invincibilité s'efface. La réalité devient altérée, désobligeante, ébranlée.

L'artiste oublie ses angoisses devant son auditoire. L'âge disparaît. J'ai vu Raymond Devos débouler trois marches avant un spectacle. Ses jambes ne répondaient plus. Quelques minutes plus tard, sur scène, il bougeait comme un jeune homme. L'euphorie du moment présent. Proposer sans retenue, sans filet, à la merci de tous, ce qui sommeille sous le clapotis de la source claire.

L'artiste devient facilement une proie pour ceux qui n'ont pas cet élan nécessaire pour offrir le cri ravissant de leur talent, traînant quelque part dans la profondeur secrète d'une cave froide.

Mon père est un être à la source éclatante. Sa vie, parcours de grand chemin neuf, est une île et son fleuve à la fois.

Maintenant, il passe beaucoup de temps dehors à regarder.

— Qu'a fait ton père aujourd'hui ?

— Il a regardé.

Un poète. Une splendeur. Un regard différent qui illumine la journée, même si celle-ci est mauvaise. Même si elle lui demande un peu plus de force pour marcher, pour se déplacer. Parce qu'il y a le merle qui chante vers midi ou la découverte de cette rose qui aura enfin éclos sur la tête d'un rosier.

Mon héros cherche son souffle maintenant et ne chante plus comme le violoncelle, mais il écoute le frémissement de la rigole avec la même intensité qu'un air de Schubert.

La rencontre

Mon père, devant la fenêtre de la cuisine, attend la visite qui doit arriver dans l'heure tout en répétant sans cesse la même phrase, comme un petit garçon qui ne peut croire ce qui lui arrive. Maman se demande bien pourquoi il est si fébrile :

— Tu es quand même Félix Leclerc.

Mon père la regarde un peu surpris.

— Pis ?

Puis il répète encore et encore la même phrase.

Je ne l'ai jamais vu aussi euphorique et, sachant ma mère un peu exaspérée par son comportement d'enfant devant le père Noël, il continue de plus belle à répéter cette phrase. Il rigole tellement que son exaltation devient contagieuse. Même la maison semble béate de recevoir cette personnalité entre ses murs.

Et il continue de répéter la phrase : « J'peux pas croire que… »

La visite arrive enfin en compagnie de sa femme. Avec eux un journaliste et un photographe de *La Presse* qui feront un reportage sur la rencontre entre deux hommes qui *ont marqué l'histoire du Québec*.

Ce grand sportif, très timide, parlera presque exclusivement avec ses yeux. Il a apporté un chandail autographié ainsi qu'un bâton de hockey qu'il nous donne à mon frère et à moi.

Mon père, au bout de la table, demeure ce petit garçon devant son idole. Regards espiègles. Éclats de rire. Dialogues généreux. Il se souvient de certains moments importants dans la carrière de cet homme, puis raconte un bouquet fleuri d'anecdotes enlevantes. Il est radieux ; sa mémoire soulève la poussière d'années lointaines.

Encore aujourd'hui, je l'entends prononcer la fameuse phrase *ad nauseam* : « J'peux pas croire que Maurice Richard s'en vient chez nous ! »

Porteur de rêves

Quand toute notre famille se retrouve au restaurant, souvent, très souvent et presque chaque fois, le propriétaire du lieu vient saluer mon père. Gêné, mal à l'aise, se grattant la tête, mon père le remercie poliment en lui serrant la main et se rassoit pour festoyer avec son monde. Puis, souvent, très souvent et presque chaque fois, après la rencontre du propriétaire et de l'artiste, nous entendons, dans les haut-parleurs de ces lieux gourmands, une voix familière. Par courtoisie et sans aucun doute par gratitude, le chant de mon père résonne dans tout le restaurant.

Gêné, mal à l'aise, se grattant la tête, l'artiste adulé de notre hôte lève précipitamment son bras vers lui. Celui-ci accourt, sourire aux lèvres.

« Je vous remercie beaucoup pour cette gentille attention, mais, s'il vous plaît, je suis venu ici pour manger, pas pour m'écouter chanter. »

L'homme, subitement confus, ravale son sourire, rougit comme un gamin d'école et se précipite vers l'enregistrement pour s'empresser de modifier son choix de musique. Le chanteur retrouve sa tranquillité. La fête peut se poursuivre avec des amis et la famille autour de la table.

Liberté et grandeur d'âme. Indépendant devant les *fans* qui caressent son ego. Simplement porteur de rêves là où son œuvre se transforme en une neige neuve, dans le silence d'une nuit sans étoiles, recouvrant la plaine au petit matin de janvier.

L'entrevue

Après plusieurs demandes d'entrevue, qu'il refuse à chaque fois en disant haut et fort et dans un grand éclat de rire « Ben voyons, je ne peux pas y aller, j'ai un pied dans la tombe ! », mon père confirme cependant celle proposée par Jean-Pierre Ferland.

Il accepte, mais avec une certaine crainte. Sous cette blague se camoufle une couleur sombre. L'âge s'est approprié son corps et il n'a plus le même aplomb. Une nuit claire a endormi sa jeunesse.

Le soir de la diffusion, toute notre petite famille est avec lui.

L'entrevue est pleine de grandeur. Il raconte, devine, aime et apporte l'espérance malgré le reste. Malgré son souffle court, et cette vieillesse qui finit par éteindre tous les êtres. Il parle du pays à naître, en abolissant *cette peur de vivre*.

Il est entouré d'amis artistes et apparaît comme un grand sage ému. Un homme bienheureux qui s'est fabriqué une belle vie.

Jean-Pierre lui demande de chanter *Ton visage*. Cette chanson écrite par lui et reprise par mon père. Il chante, mais en oubliant quelques paroles. L'angoisse naît dans son soupir. La chute de l'arbre?

Il bouge sur son fauteuil dans le salon. L'effet du temps devenu miroir.

«Je suis trop vieux, c'est terminé, les entrevues.»

Il se lève, nous quitte et son départ refroidit la pièce. J'ai envie de lui crier: «Si tu arrêtes de faire des entrevues, la moitié des artistes devraient aussi arrêter d'en faire!»

Les jours passent. Mon héros, enroulé dans une sorte de bulle, se promène autour de notre maison. Il contemple, sourit, retrouve à nouveau son état de grâce, en dépit du rappel du parcours qui achève.

Dès lors, il devient cette terre qu'il aime, ces chênes inébranlables devant notre demeure, son camp du bout de notre monde.

Rêves à vendre

Branle-bas de combat dans le bureau de mon père. Il a un projet de film. L'inspiration devient ce petit crocus sous la neige.

Il est invité dans son restaurant préféré pour présenter ses idées devant plusieurs personnes, dont Jean-Pierre Ferland et Jean Bissonnette.

Une débâcle au printemps. Une eau fraîche libérée des glaces. Une odeur de forêt à la fonte des neiges. Son auditoire en redemande. Les rires éclaboussent les steaks frites des assiettes. C'est une fête. Et mon héros en est le roi.

Après plusieurs heures, Jean-Pierre se lève et dit à mon père que ses idées sont admirables. Il ajoute :

— On a tout filmé.

— Quoi ?

— On a caché des caméras partout dans la salle.

Il se gratte la tête et n'est pas sûr de bien comprendre. Alors Jean-Pierre lui montre les objectifs dissimulés dans la pièce. Rire général.

D'abord surpris, il ajoute « ah ben maudit » et rigole à son tour.

Tombe la nuit sur les personnes qui prennent de l'âge. Mais, derrière certains nuages, palpitent des éclairs pénétrants dans la vaillance du monde.

Les mois passent. Le film est réalisé. L'artiste dévoile ses idées. Il nage dans un tourbillon de *rêves à vendre*.

Sa finitude devient illusion.

« Alors, papa, tu n'es pas si vieux, hein ? »

Entre l'aurore et l'aube

Il est depuis toujours un lève-tôt. Enfant, le début du jour était un événement en soi. Premier hors de sa chambre, il dégringolait les marches de l'escalier pour aller voir poindre le rayon d'origine de la journée.

Des années plus tard, le voilà aussi amoureux de cette heure d'aube si somptueuse. Ce temps où la plupart des hommes et des femmes, toujours couchés sous leurs draps, se donnent encore un moment de répit avant d'en sortir, où les adolescents sont souvent dans un profond sommeil, où les tout petits bébés sont déjà réveillés, où les personnes très âgées ne se réveillent plus.

Et il y a les autres pour qui *tous les matins du monde* raniment le souvenir d'une bruine fine sur la peau.

Pendant ce clin d'œil de l'aurore, mon père va tranquillement chercher son journal dans notre boîte aux lettres, située à cent pas de notre maison. Ma mère, qui dort toujours à cette heure, finit par apprendre ces petites escapades.

— Filou, dehors en robe de chambre ? Habille-toi donc avant !

— Ben non, tout le monde dort à c't'heure-là !

* * *

Quelques jours après la mort de mon père, certains journalistes rencontrent notre voisinage.

« Félix ? C'était un bon voisin. J'le voyais à tous les matins en robe de chambre aller chercher son journal ! »

Ils ont été trois à raconter cette anecdote.

Les brouillons broyés

Depuis plusieurs semaines, mon père passe beaucoup de temps dans son bureau. Intriguée, je me faufile vers ce lieu et je suis estomaquée. La fenêtre est restée ouverte toute la nuit ? Je découvre un déluge de paperasse, de livres, de poèmes manuscrits traînant pêle-mêle un peu partout.

Un tremblement de terre ? Un tsunami ?

Il entreprend une relecture complète de ses écrits pour ne garder que les meilleurs textes.

Meilleurs textes ?

Il rêve de faire une sorte de Pléiade avec son œuvre. Alors, de son lieu de travail, je l'entends rire, bouger, déplacer des papiers avant de nous dire durant le souper : « Coudonc, je les haïssais donc ben, les Anglais ! »

Puis le voilà dans la cuisine avec une énorme boîte remplie de brouillons. Sa calligraphie ressemble aux esquisses d'un peintre. Profondeur de son âme récoltée au fil des jours. Constance du temps ; une goutte d'eau devenue stalagmite. Une œuvre manuscrite.

Il demande à ma mère ce qu'il faut faire de tous ces premiers jets écrits de sa main.

« J'en ai plus besoin, hein ? On fait quoi avec ça ? »

Elle lève les yeux de son *Châtelaine* et regarde mon père sans savoir quoi répondre. Rapidement, elle lui dit d'en faire ce qu'il veut. Ce sont ses affaires, après tout.

Il lève les épaules et va porter sa grosse boîte dans les vidanges, puis retourne s'isoler dans son repaire.

Cette poubelle a accueilli des documents d'une valeur inestimable un certain matin de cri endormi. Une vie à tire-d'aile devenue papiers broyés, envolés vers un brouillard de feuilles qui seront incinérées.

Geste empreint du temps présent. Absence d'ambition face à l'avenir d'une œuvre manuscrite qui aurait pu devenir «carnets inédits». Mon héros n'y pense même pas.

Cette façon de faire rappelle la journée où il a quitté définitivement sa maison de Vaudreuil. Il n'a emporté que sa guitare. Qu'ont-ils fait du reste? Vendu aux enchères.

Le début de notre monde

À l'époque où mon père cherche un emplacement pour installer son camp, il parcourt les pâturages de la terre de Joe et découvre, à ras le sol, quelque chose qui ressemble à des fondations très anciennes. «Tiens, on va le construire par-dessus ça.»

Avec des amis, il bâtit sa cabane en bois rond sur le même modèle que les camps de bûcheron de son enfance. L'ancrage d'un homme pour cette terre se soude doucement. Cette place dédiée prend forme dans le crépuscule d'une destinée à venir.

Les grains du sablier grugent le temps, tel un torrent qui dévale une pente abrupte. L'hiver installe sa blancheur sur les terres agricoles. L'irruption du printemps découvre son tout premier perce-neige. L'été apporte le bourdonnement des abeilles se gavant de pivoines. L'automne emporte les feuilles et marque l'hivernage des arbres. Retentit le tambour dans les petits matins infatigables.

Quelque trente ans plus tard, mon héros apprend que le lieu où sa cabane est installée a une mémoire.

Elle a été construite sur des fondations vieilles de trois cents ans. Ces vestiges qui servent maintenant au bâtiment de mon père étaient ceux de l'ancienne maison de Jean Leclerc et de Marie Blanquet, nos ancêtres de Dieppe, en Normandie, venus s'installer sur l'île d'Orléans.

Mon héros est émerveillé. La genèse de son Histoire débute là où il a inauguré sa retraite d'auteur. Une eau pure lui éclate en plein visage.

Il aura toujours été protégé par plus grand que lui ; de chatoyantes ailes bienveillantes.

UN PRODUCTEUR, UNE CHANTEUSE, UN ARTISTE

Un certain producteur fait un appel téléphonique chez mon père pour lui vendre l'idée qu'une jeune chanteuse à la voix puissante pourrait faire un album en revisitant ses chansons.

« Ah bon ? Une femme ? »

Il est un peu sceptique et mal à l'aise avec cette idée. Qu'en fera-t-elle ?

C'est un vieil homme maintenant. Son asthme est grand. Enrubanné dans un corps qui le lâche. Abandonné par un souffle difficile à maîtriser. Gavé de médicaments aux nombreux effets secondaires. Mais son œil demeure alerte, ses écrits sont nombreux. Durant l'heure du souper, il nous transmet même les nouveaux mots qu'il a découverts, dans sa journée, glanés au fil de ses lectures de l'*Encyclopædia Universalis*.

« Vous vous rendez compte ? J'ai soixante-treize ans et j'apprends encore des mots que je ne connaissais même pas ! »

Après un temps de réflexion, il aime finalement cette idée de chanteuse populaire qui s'approprie quelques ballades de son œuvre chansonnière.

Alors il y a la recherche du chef d'orchestre, le choix des chansons, le travail d'adaptation des mélodies à la voix de la chanteuse, les nombreuses répétitions et la création de cet album.

Vient le jour de la présentation des démos devant l'artiste. Le producteur et la chanteuse arrivent. Ils sont accompagnés d'amis. Il y a discussion, écoute. Mon père regarde par la fenêtre vers le lieu où sont garées les voitures.

« Une BMW pour le producteur. Une Jaguar pour la chanteuse. Pis une Chevrolet pour l'artiste. Ouais. J'ai l'air fin avec ma p'tite Chevrolet, hein ? »

Un silence rarement entendu dans la maisonnée. La mouche qui bourdonne contre la vitre résonne comme jamais dans la cuisine.

L'attente

Début de tempête de neige. Mon père fait une crise d'asthme et le bout de ses doigts devient bleu. Je suis figée par la peur. Mon frère ne bouge pas. Ma mère est affolée.

Il nous regarde. Ses yeux sont époustouflants de tristesse. Le rythme puissant d'une symphonie de Beethoven bat la chamade en moi.

On appelle les ambulanciers.

Dehors, la poudrerie m'apporte l'apaisement en balayant mon visage. Le vent se transforme en berceuse et quelques flocons de neige chuchotent à mon oreille une vieille histoire de la lune voilée.

L'angoisse chatouille ma folie. Et s'il était mort à présent ? L'obscurité réveille cette maudite fatalité tant redoutée. La poudreuse, insouciante, danse avec les arbres.

J'aperçois enfin une boule de feu et je fais signe au camion. Les sirènes crachent mon hurlement étouffé, les gyrophares rougissent la neige.

Mon père s'assoit avec difficulté sur la civière. Cherchant mon regard en larmes, il dit aux ambulanciers qu'il ne sort jamais sans son chapeau. Un des hommes le lui met sur la tête et il me sourit, malgré tout, avec un air bon enfant.

L'ambulance s'enfuit vers l'hôpital. En l'imaginant avec son chapeau rouler à travers la tempête, un attendrissement m'envahit. Mon héros a réussi à calmer l'horreur en moi.

* * *

À l'aurore, un journaliste m'apprend par téléphone que René Lévesque vient de mourir. Félix Leclerc peut-il faire une déclaration?

De son lit d'hôpital, mon père écrira un texte qui se retrouve aujourd'hui sur la stèle de ce *libérateur de peuple*.

L'écriture, lumière scintillante sous la grisaille.

Fin de vie

La rosée du matin est plus fraîche. Les heures de sommeil raccourcissent. La douche se prend maintenant chaude. L'habillement devient moins chic. Le déjeuner est léger. Le café remplacé par du thé. La marche matinale est courte et la montée de l'escalier semble difficile.

Mais la relecture de ses textes apporte une fierté à mon père vieillissant.

Le dîner est moins copieux. La sieste est espérée. La randonnée d'après-midi se fait plutôt en tracteur et le chien âgé du maître est installé dans le *trailer* pour la promenade.

Mais les moments de contemplation demeurent intemporels.

L'apéritif contient moins d'alcool. Le souper se déguste lentement. Le coucher se fait tôt.

Mais il adore le sommeil. Dès vingt heures, bâillant fort, il monte au premier étage en déclarant «comme ça va être bon dormir» avec dans la voix une douceur d'être exquise.

Il nous parle maintenant tel un vieux sage. Notre terre de l'île d'Orléans n'est pas quelque chose d'éphémère. C'est une richesse immuable qui va bien au-delà de l'instant présent. Les générations suivantes savoureront ce lieu bienveillant aux ailes enveloppantes.

Il y a du bonheur dans la fin de vie de mon héros.

Soixante-quatorze ans

Son anniversaire de naissance est fêté en grand. Il y a tout plein de monde à la maison. Et ceux qui n'y sont pas lui téléphonent dans la journée.

Autour de la table à pique-nique, sous le vieil érable, mon père raconte et plaisante. La lucidité que lui apporte son âge est doublée par l'intelligence aiguisée d'un ciel absent de nuages.

Il est enjoué, en parfaite santé. Son médecin nous a dit, quelques semaines plus tôt, qu'il vivrait sans doute jusqu'à cent ans. Ma crainte d'une mort subite est enrayée. Je suis délivrée de cette peur rongeuse de temps.

Pour la première fois, je l'invite au restaurant. Il me fait oublier mes angoisses et me parle de cette force que je possède, ce torrent qui rugit en moi, cette capacité à me construire une vie digne de ce nom.

Ne souffle pas sur le pommier en fleurs, semble clamer son regard remarquable. Je ressens encore toute la tendresse de cette phrase inscrite dans ses yeux.

L'espérance dans le bec de l'oisillon affamé. Fragilité inaudible.

L'arbre vieillit.

Le chant du cygne

Cette nuit d'août est si douce. Le concert des bestioles qui se faufile par la fenêtre me rappelle une mélodie de Bach. Pourtant, j'ai besoin de partir. Une nouvelle dispute avec ma mère me crève le cœur. Notre mésentente est trop grande pour la maison. L'air tendre dans l'obscurité m'est plus caressante. Je prends quelques effets personnels en remerciant mon père intérieurement de m'avoir offert une voiture devenue porteuse d'ailes.

Après quelques respirations qui m'aident à retrouver mon calme, je crie dans cet espace où mes souvenirs de petite fille sont pourtant si heureux :

— Je m'en vais dormir chez André ! Saaaluuut !

— Attends !

La voix de mon père. Il traverse le salon en robe de chambre, prêt à aller se coucher, et vient me rejoindre dans la cuisine. Le frottement de ses pantoufles sur le plancher devient battement de cœur.

Il me prend dans ses bras.

— N'oublie jamais combien je t'aime.

Bouleversée par cette phrase, je soulève ma tête de son épaule et je plonge mon regard dans le sien. Ses yeux gris, fatigués, m'apportent une bonté infinie. La gravité de son sourire me trouble. Je lui réponds un très faible « moi aussi » en me tournant rapidement vers la sortie.

Au volant de ma Renault 5, je pleure sans retenue toute la secousse que mon héros vient de m'offrir. Je pleure cet éclat invisible mais ineffaçable qu'il m'a transmis dans cet instant présent, comme si quelque chose d'indestructible prenait fin.

Il est mort le lendemain matin.

SEULE

Ma fin du monde

J'ai dormi chez mon ami qui a un chalet sur le bord d'une rivière. La nuit a été enivrante après un bain de minuit. Le petit matin est éblouissant et, dans ma voiture, fenêtres ouvertes pour me rendre à mon travail d'été, une brise caressante souffle sur ma peau.

Dès mon arrivée, ma mère au téléphone. Elle a une drôle de voix et me demande de venir rapidement la rejoindre. Papa ne va pas bien. Qu'a-t-il donc ? Je soupire, inquiète.

Il y a déjà plusieurs voitures à la maison. Que font-elles là ? Une boule immense se forme dans mon ventre. Je vois ma mère descendre l'escalier de la galerie, les yeux bouffis, le visage étrange. Elle se dirige vers moi. La journée est si tendre, pourquoi ce frisson mauvais dans tout mon corps ?

« Papa est mort. »

Ma tête tourne. J'entends mal.

Un bourdonnement éclate dans mon crâne : cette nouvelle résonne en écho. D'un seul coup, je deviens aveugle et sourde. Paralysée. Tout doucement, je me laisse glisser vers le sol et pleure dans un silence terrifiant.

C'est fini ?

Toute ma vie à avoir peur qu'il meure. Toute ma vie à pleurer sa mort dans ma taie d'oreiller.

C'est aujourd'hui ?

Il y a des visages que j'oublie autour de moi. Je me précipite dans ma chambre et ferme la porte.

Je colle mon oreille sur le plancher pour entendre mon père qui est étendu dans la pièce sous mon refuge. Rien. Par la fenêtre, j'essaie de l'apercevoir. Rien. Je fixe le ciel et je maudis ce bleu voleur, vide d'éternité.

La vie m'assassine. La mort me brûle.

L'arbre tombe.

L'INCONCEVABLE

Je suis assise avec ma mère et mon frère dans une Mercedes noire aux vitres teintées conduite par Jean Lapointe. Qu'est-ce que je fais là ? Où va-t-on ? J'ai les yeux vidés de larmes. Ma tête veut éclater. Je dois manger quelque chose. J'ai chaud, ce qui me donne mal au cœur. J'essaie d'ouvrir la fenêtre, mais je ne comprends rien aux boutons qui l'actionnent. Je vais vomir.

La voiture freine. On me dit d'en sortir. Qu'est-ce qu'ils ont tous à me regarder de cette façon ? On me pousse et je marche. Puis on m'arrête.

Quelqu'un dépose une petite boîte sur le sol. Une boîte à bijoux ? Une boîte pour lapin mort comme on en voit dans les livres pour enfants ?

C'est *mon père* qui est dans cette petite boîte ?

Je veux m'enfuir et rejoindre sa voix chaude, aimante et reposante d'il y a trois jours. Retrouver son regard affectueux, son rire franc et ses œufs bacon du matin. Entendre son ronflement quand l'angoisse du lendemain me donne des nuits blanches. Savoir qu'il dort mieux quand je rentre à la maison tard la nuit et qu'il s'aperçoit que je suis saine et sauve en voyant maintenant éteinte la lumière extérieure.

Continuer à le regarder vivre pour apprendre à vivre.

Vivre?

Ce matin-là

Ma mère essaie plusieurs fois de téléphoner à la maison, mais mon père ne répond pas. Elle finit par appeler madame Pichette pour lui demander d'aller vérifier chez nous s'il va bien.

En compagnie de son neveu, celle-ci le trouve étendu sur le divan.

« Il n'était pas crispé par la mort, Nathalie, il souriait. Son sourire était bienheureux. »

Ce soir-là

Quelques jours plus tard, un journaliste me dit qu'il a vu un chat gris se rouler longuement sur la tombe de mon père le soir même de son enterrement.

Y aurait-il quelque chose *après*?

CROIRE ?

Je ferme les yeux et j'entends, par l'entremise d'un ordinateur, le chant d'une alouette qui me transporte en plein cœur du champ de mon enfance, à mille lieues de l'endroit du moment présent.

J'ai de nouveau onze ans : le souvenir d'un vent qui transporte des sentiments remarquables.

Le craquement du blé sous mes pas, l'odeur d'un été sec, la chaleur suffocante d'une canicule sur ma peau prennent toute la place dans cette chambre à la couette rose. Le bonheur en mémoire ?

Mon père. Calme, présent, tendre dans notre champ aux odeurs enivrantes qui flâne avec un nuage de forme géante et de couleur immaculée. Il se tourne vers moi dans un sourire d'ange. Comblé. Le poète est à l'œuvre. Inoubliable.

Puis le jappement insistant de notre chien nous libère de cet instant suspendu. Deux adultes et un enfant sortent d'une voiture et se dirigent vers mon héros.

Ils offrent une bible à mon père qui les regarde quelques minutes. Alors, il leur dit dans un chuchotement, avec tout le respect du monde : « Vous me dérangez, j'étais en train de prier. »

Les étrangers se regardent, confus, étonnés. Sans un mot, sans un bruit, ils reculent à petits pas, quittent notre champ splendide, deviennent des êtres fantomatiques.

Le silence après leur départ est aussi majestueux qu'une matinée de début de vacances d'été. Rosé d'un soleil levant et libéré d'un travail quotidien.

Croire en Dieu ?

À la mort de mon père, je perds cette croyance. Le vide que m'apporte sa disparition est insoutenable : une feuille blanche oubliée dans le vent.

À cette époque, ce sont mes poings enragés que je présente aux nuages de forme géante et de couleur immaculée.

Vivre?

Les lendemains

Mon sommeil, rare, est inondé de mon père; mes réveils sont tendres. Puis, une massue écrase mon crâne: papa est mort. Mes larmes incontrôlables assaillent les muscles de mon visage.

Je fuis.

Je fais le tour de l'île, inlassablement, comme une petite souris dans sa roue. Le Québec et la francophonie résonnent de Félix Leclerc. Les drapeaux sont en berne. La télévision, les radios, les journaux l'encensent. Comme il est aimé. Une fin sans fin.

J'éteins tout pour calmer ma folie. L'entendre respirer entre deux mots d'une chanson me le rend si réel que je me surprends à attendre son retour.

Je dois apprivoiser le vide.

Je suis une noyée dans la marée d'individus pendant l'enterrement. Le ciel est effroyable et la corde du cerf-volant introuvable.

Puis, la vie.

Elle pousse sur la souffrance, cette vie. Ça me prendra des années à bien compacter cette douleur immense pour l'enfouir en moi. Elle devient fantôme, cette douleur, sans disparaître, mais une force plus grande souffle dessus.

Sur le fleuve se forme un rayon de lune, allié à cette suite au monde.

QUARANTE JOURS

Quarante jours après la mort de mon père, j'ai vingt ans.

Âge volé par ce chagrin ? Vais-je souligner cela dans ma chambre devant une affiche qui comporte un poème de Saint-Denys Garneau ? Vais-je pleurer *encore* ? C'est tout ce que je sais faire depuis quarante jours. Mes joues me font tellement souffrir que mon visage est crispé par la douleur.

André a la délicatesse de m'offrir la maison de ses parents pour souligner mon anniversaire. J'invite tous les amis que j'ai. Même ceux que je ne vois plus.

Le soir de cette fête, ils viennent tous. Sourires affectueux. Mots réconfortants. Ils forment une sorte de bulle douce autour de moi. Je suis si près du gouffre. Le cœur sec comme de vieux bouts de bois.

J'ai l'impression d'être suspendue sur une portée de musique cacophonique. Ils me tendent la main. Ils m'arrachent à cette terreur insupportable et suffocante.

Le petit matin apporte une belle journée de fin d'été. Ce temps où le brouillard se disperse au lever du soleil.

L'absence de mon père demeure un grand coup de poing en plein visage. La lueur du jour, malgré son éclat, ne me réchauffe pas. La solitude face à ce vide est révélée. J'ai maintenant vingt ans, mais il n'est pas là. Le sifflement du train se moque de moi.

Un lac gelé au milieu d'une toundra dévastée et dépossédée me prend, comme un mauvais amant.

Les âmes

Plusieurs hommages sont offerts à la mémoire de mon père.

La soirée du gala de l'ADISQ souligne de belle façon l'artiste qu'il a été.

En ouverture de l'émission de télévision, Dominique Michel dit de bien beaux mots sur la pérennité de mon héros. Puis, dans un grand geste tout simple, elle allume son briquet.

L'éclairage s'éteint. La scène et les spectateurs se retrouvent dans l'obscurité avec, pour seule source de lumière, la flamme de son briquet. Et j'ai pensé à l'âme de mon père.

Puis, parmi les spectateurs, de petites flammes apparaissent. La salle scintille maintenant et se transforme en un ciel incandescent d'âmes aimantes.

Une envolée d'applaudissements ajoute un chant à ce tableau vivant qui devient, à mes yeux, *La nuit étoilée* de Vincent Van Gogh.

Malgré tout, un cri retentit dans ma tête : « Mais il est mort ! »

L'ovation est si longue que je dois quitter le petit écran pour aller brailler toutes les larmes de mon corps dans ma chambre, loin de ma famille.

Loin de cette foule qui pourtant n'est formée que de ma mère et mon frère.

Une signature

Je vogue maintenant entre l'Université Laval et mon petit logement de Sainte-Foy. Puis, à certains moments, je vais faire un tour sur l'île.

Le souvenir de mon père me consume l'intérieur à la vue du pont de l'île d'Orléans. Je hume les odeurs de mon enfance, qui me consolent si peu. J'essaie d'établir un contact avec ma mère. Puis je poursuis ma vie comme une plante assoiffée. En manque de soleil.

Ce jour-là, je remarque une empreinte. Une grosse main étampée sur la vitre de la porte d'entrée. Mon cœur fait un bond. J'en ai presque un évanouissement.

— Papa?

Je regarde ma mère qui a suivi mon regard.

— Je sais. Il faut que j'enlève ça. J'y arrive pas. Je lave la vitre et j'en fais le tour. T'as vu? Sa main, parfaitement. Même ses empreintes sont clairement visibles.

J'y suis retournée quelques semaines plus tard. J'ai regardé la vitre. La trace de la main de mon père n'y était plus. Effacée.

— Si tu savais le courage que ça m'a pris…

Et elle pousse sur la souffrance, la vie.

Voyages

Un manteau trop grand m'écrase et m'empêche d'embrasser follement ma vingtaine voluptueuse. Je suis restée aveugle et sourde depuis la mort de mon père. Je ne ressens plus les petits matins si tendres.

Puis, sous cette brume, un espace gracieux qui illumine un temps heureux ancré au plus profond de ma mémoire.

Ces nuits de canicule qui me redonnent enfin ce rire volé par un chagrin qui devient, au fil des jours, poussière compactée se dressant contre un mur.

Ma tresse virevolte dans mon dos. Un vent, aux arômes d'été, fouette mon corps. Je suis enroulée derrière un nouvel amoureux qui roule en Harley-Davidson.

Je vole littéralement sur des routes infatigables, filant à vive allure sur ce bolide cracheur de feu. Je retrouve l'aube détournée de mes vingt ans, assise derrière ce garçon durant nos longues nuits voyageuses. J'ai l'impression de faire le tour du monde et de laisser échapper la peine infinie qu'a fait naître l'absence de mon père.

La nuit, buveuse de cris, m'éblouit par son firmament offert telle une grosse bouffée d'espérance.

Les rechutes du vide impossible à combler seront grandes. Mais les randonnées m'apportent l'amplitude recherchée pour arriver à vivre avec cette fatalité.

Quelque part, sous les ruines, un bourgeon crève une terre noire.

La vue

Paul Hébert habite une jolie maison sur le bord du fleuve à Sainte-Pétronille de l'île d'Orléans. Mais il a un souci : les arbres.

Dès le printemps, ces chênes monumentaux se parent de feuilles. Comme un mauvais sort, la vue grandiose du fleuve, qui lui offre une féérie tout en glaces durant l'hiver, est détrônée par cette verdure.

Que faire ? Il ne peut quand même pas couper ses arbres d'une si grande richesse pour *une vue* ?

L'hiver revient et tombent les feuilles. Le spectacle du fleuve réapparaît. Puis, comme un rideau de scène, l'avènement du printemps estompe à nouveau cet horizon si pénétrant.

Il en discute avec mon père.

— Ouais. Couper tes arbres ? Ce sont de bien beaux chênes.

— Ben, je sais, Félix. Mais je peux pas perdre une vue si magnifique tous les étés !

— Et pourquoi tu ne te construis pas une véranda une fois que tu auras coupé tes arbres ? Comme ça, tes chênes demeurent chez toi, transformés en planches, et ils ne te désespèrent plus quand arrive le printemps !

Paul Hébert est enchanté ! Ces arbres subsistent, mais ils deviennent utiles en enjolivant sa maison d'une belle véranda.

Aujourd'hui, quand je me retrouve chez Paul, il y a un petit quelque chose de mon père dans cette pièce où la vue est splendide, été comme hiver.

Peine

Quatre mois dans le pavillon Casault de l'Université Laval à approfondir mes quinze ans de piano, à répéter jusqu'à sept heures par jour et à m'étourdir de compositeurs classiques.

Quatre mois à détester mon professeur. Ses cris, son mépris et sa façon de brasser son trousseau de clefs au-dessus de mes mains pour *voir jusqu'à quel point je suis concentrée quand je joue du piano* deviennent une torture épouvantable.

Je claque la porte de cette école avant de devenir folle. Trop fragile pour me plaindre, trop perdue pour demander de l'aide.

Le vide dans lequel j'erre m'obsède et m'alourdit. Je deviens exécrable au piano et je lui tourne le dos comme je dois tourner le dos à la *peine de mort* qui s'accroche à moi.

Ma rechute est longue. Le piano me manque. Amour éclaté. L'oiseau noir surveille l'étoile et lui fait de l'ombre.

Je passe mon hiver terrée, emmitouflée, perdue, dans un appartement du Vieux-Québec.

Je me réchauffe, durant les nuits froides, en lisant *À la recherche du temps perdu*. Cette littérature brouille mon désespoir, ouvre doucement mes ailes rouillées.

Les fleurs d'août

Nous partons de bonne heure dans mon auto rouge, direction le chemin du Mitan, lieu où l'abri du monde se penche vers l'horizon.

Nous parcourons cette route dans une journée où les mots sont superflus. Nos yeux se remplissent de ciel bleu, de champs jaunes, de forêts denses. Nos cerveaux emmagasinent l'odeur du blé et la fraîcheur des maïs presque éclatés dans leurs épis. Je suis impressionnée par le grand corbeau aperçu derrière le saule, mais il transporte toujours ce fardeau de perte irremplaçable ; la peine en moi comme un trou blanc.

Denis a l'idée de récolte, d'abondance et de remerciements. Nous voilà dans les fossés du chemin, cueillant les fleurs et verdures d'août. Les tiges m'apportent un peu plus de constance pour retrouver la musique accrochée à la cime des arbres.

Installé dans le coffre de ma voiture, cet énorme fatras de fleurs, enrubanné dans une odeur de crépuscule, devient l'île d'Orléans en partage.

Depuis l'enterrement, je n'y suis pas retournée. À travers ce bouquet, j'offre l'été sur la tombe de mon père et j'y laisse une partie de mon chagrin.

Dès lors, chaque mois d'août, je cueille cette saison que je dépose sur sa tombe en compagnie d'êtres chers et, maintenant, de ma petite famille dans un couronnement pour grand-papa.

Avec le temps, ma tristesse s'amenuise comme si le vent du nord en ralentissait la cadence.

Le tour de l'île

Denis, dans notre logement du Vieux-Québec, met un CD comme il le fait tous les soirs. Schubert, Bach, Beethoven ou Sibelius accompagnent nos lectures nocturnes. Cette fois-ci, ce ne sont pas les préludes de Chopin qui m'enveloppent, mais *ma* voix-violoncelle.

Je retrouve mon père dans *Le tour de l'île*.

Cinq années se sont écoulées depuis la dernière fois. Le néant noyé dans un lac gelé. Apaiser la douleur.

Puis cette voix. Suis-je prête à renouer avec lui, sans lui ?

Quelque chose s'agrippe à ma peau. Quelque chose de déjà ressenti : le tremblement d'une tristesse pourtant chassée, inlassablement, comme un vieux papier collant resté accroché aux vêtements.

Un grand vide s'ouvre cruellement et l'abîme du manque m'embrasse de nouveau.

Mais, pour la première fois, au fond de ce gouffre, le bien-être de mon enfance. Le réconfort dans sa voix, le souvenir de l'île d'Orléans et de nos marches en forêt, le goût du sirop d'érable et de la crème qu'il me sert après le dîner.

Le ruisseau inépuisable dans ses yeux.

Boucler la boucle

Une idée de l'Europe.

Une bonne amie et moi partons un matin de juillet pour cinq semaines. La seule chose dont nous sommes certaines, c'est qu'une voiture nous attend à Paris.

Je prends le volant et nous parcourons la France, la Provence, la Suisse et l'Espagne. Les silences implosent, fulgurante odyssée.

Le retour vers cet ailleurs rejaillit comme ce bourgeon sortant de sa terre noire.

Mon arrivée en Suisse déchire mes neuf ans. Le bruit des cloches, accrochées au cou des vaches, ensorcelle ma tête et réveille une mémoire terrée en moi ; un courant brûlant me traverse le corps, un frisson pénétrant d'état de grâce.

Je visite mon école, mais le champ de vignes où je flânais avec mon petit amoureux s'est transformé en pâté de maisons. Malgré tout, nous y sommes encore. Accrochés dans l'espace fantôme.

Je retrouve Séverine à Lausanne. Les Zambelli sur la rue William. Ceux de mes premiers pas à Saint-Légier. Je visite certains amis de mon père en France. Lionel est introuvable. Il n'est pas en Suisse.

Chaque fois, nous arrivons sans nous annoncer et nous sommes accueillies comme des reines. Ces vieux amis m'entourent de souvenirs renouvelés par celui de mon père. Ils me transmettent sans retenue la tendresse qu'ils ont toujours pour lui et, par leurs attentions, me consolent de mon grand malheur.

Ça m'imbibe d'émerveillement. Ça m'éblouit d'horizon. Ma rage de vivre s'adoucit un peu. Je dois maintenant apprendre à vivre sans lui.

Amour détourné.

Fleur de peau

Il y a au plus profond de moi quelque chose de cassé ; fissure palpable. Le silence soumis, dans les yeux des autres, devient petite piqûre d'araignée qui, sournoisement, telle une fièvre intransigeante, fait son nid dans cette noirceur opaque. Elle me pourchasse continuellement.

Mon quotidien vide de père.

Certaines personnes s'accrochent à leur mal-être comme à une bouée de sauvetage. Il me faut quitter cet étau qui me serre. Renouer avec le nécessaire bonheur en tuant cet oiseau noir.

Un collègue de travail vient vers moi un certain matin, heureux de la nouvelle qu'il va m'apprendre. Sa joie est contagieuse et je souris à mon tour.

— J'ai vu ton père hier soir.

J'ai un vertige.

— Il est revenu ?

Je tousse, me lève, me rassois, ris, mal à l'aise. Mon ami est stoïque.

— À la télé, poursuit-il.

Malgré moi, à jamais, à jamais, je crois le retour de mon père possible.

Est-ce grâce à cette pensée qu'à cet instant ma vie devient supportable ?

Un chant

Le soleil est à peine levé. En sortant du poulailler, mon père aperçoit un autobus jaune qui descend l'allée de notre demeure. Il reste là, stupéfait par cette visite inattendue, œufs frais entre les mains.

Le moteur de l'autobus s'éteint. Une femme en sort et regarde mon héros. Elle lui sourit comme une fillette qui n'a pas été invitée à une fête.

« Bonjour. Les petits seront si heureux de vous rencontrer. »

Il la regarde et son visage est tout étonné de voir cette personne débarquer chez lui, comme une fragile perdrix pleine de courage.

« Peuvent-ils sortir de l'autobus ? »

Une ribambelle d'enfants de tous âges se retrouve devant mon père. Une atmosphère d'un autre monde s'en dégage. Ils lui sourient. Quelque chose surprend. Malgré tous ces enfants, un calme presque sacré subsiste.

« Ils vont chanter pour vous et nous vous quittons ensuite. »

Mon père hoche la tête. Il a toujours ce même visage étonné, mais du regard il acquiesce doucement. Il me cherche du coin de l'œil. Je ne suis pas très vieille, mais je comprends que j'assiste à une rencontre empreinte de délicatesse.

Elle se tourne vers eux et dit *Le p'tit bonheur*. Puis ils font des signes identiques avec leurs mains. Ce silence sacré se prolonge longuement.

Un secret dévoilé : ils sont sourds et muets.

Ce moment s'étend entre l'abîme et la cime du monde. Un silence en cascade de gestes parfaits.

Mon père est ébranlé par le murmure inouï de cette confidence : ils *chantent* avec leurs mains.

Déséquilibre

Le matin est froid puisque le chat n'a pas voulu sortir. Le temps s'égrène au chant du coucou qui rappelle les demi-heures fuyantes.

Soudain, un vacarme immense retentit à la porte d'entrée. La clenche résonne dans la maison, des pas dans la cuisine, puis un cri.

« J'veux voir Félix ! »

Ma mère, qui est à l'autre bout du domicile, frémit. *Qu'est-ce que c'est ça ? Filou est mort…*

Elle est seule et se sent envahie par une frayeur qui la paralyse. Puis elle a une idée.

— Y a personne icitte ? J'veux voir Félix !

La voix est molle, fatiguée mais puissante.

Du premier étage, elle lui dit doucement :

— Oui ! Attendez, il arrive ! Assoyez-vous sur une chaise dans la cuisine.

Elle se précipite vers le téléphone et appelle notre voisin Marc-André.

Il arrive en moins de deux. Sa carrure, sa prestance et son calme apaisent notre homme. Marc-André lui tend le bras et, avec précaution, le guide comme un animal blessé vers sa voiture. Il va le reconduire de l'autre côté du pont de l'île.

Ma mère retrouve sa cuisine et le chant du coucou dans une odeur de Jack Daniel's. Rapidement, elle barre sa porte d'entrée, heureuse d'avoir un voisin si gentil.

Le retour

Quelques années après la mort de madame Pichette, maman entreprend des rénovations de la maison au toit rouge. Le nid installé sur la plus haute branche d'un sapin se concrétise.

La rumeur de mes treize ans s'ouvre comme une terre fraîchement labourée. Je reviens vivre chez nous, sur mon île, entourée d'aïeuls bienveillants.

L'île d'Orléans est ancrée en moi comme l'ancre d'un bateau. Huit années après mon énorme déluge, je découvre un navire. Solide, aussi lumineux qu'un champ de blé ; le bleu du ciel n'a jamais été si clair.

À l'intérieur, l'odeur du pin est aussi grande que l'enlacement d'un arbre. Je m'enracine, toutes voiles dehors.

Je retrouve dans de longues marches silencieuses ma forêt, baignée d'un autre temps, enveloppée de la petite fille qui se marie à la femme d'aujourd'hui.

Une force se cramponne à moi. L'oiseau noir s'écarte tout doucement de l'étoile ; une éclaircie me traverse le corps.

Les manques de mon père ne sont jamais bien loin, mais cette mémoire cicatrisée dans mon cœur d'enfant porte maintenant les ombres parfois cruelles d'un avenir sans lui.

Mauffette

Guy Mauffette, ami précieux de mon père. Un miroir. Un fil relié depuis le murmure d'une aube éclatée.

Il découvre les chansons neuves de ce jeune auteur. Il pressent le talent qui s'éveille tout au fond de l'artiste.

Mon père lance mille feux. Guy est l'étincelle. Il cueille la source et ajoute l'ivresse des rencontres. Leurs familles respectives ont été longtemps réunies comme une forêt flamboyante. Puis, le roulement du temps les sépare. Mon héros quitte Vaudreuil.

Ils se réunissent de temps en temps ; de longs appels téléphoniques empreints de rires éclaboussent notre maison. Le lien demeure rare, mais il perdure malgré l'absence quotidienne.

Un beau matin de grandes envolées d'outardes, Guy débarque chez nous. Les alliés, devenus lointains avec les années, se retrouvent l'un en face de l'autre, vieillesse ajoutée. Guy est plutôt maussade et mon héros est plutôt heureux. Peut-être trop aux yeux de son vieux compère.

Papa meurt quelques années plus tard.

N'ayant pas la force de se rendre à l'enterrement, Mauffette demande à une bonne amie d'aller photographier la pierre tombale de son camarade.

Il colle la photo sur un mur de son appartement.

À chacune des visites de cette bonne amie, Guy montre du doigt la photo et lui demande à tous coups : « C'est pas vrai ça, hein ? »

L'heure bleue

Un soir de février, pendant cette heure bleue, celle où les loups-garous sortent de leur tanière, mon regard se perd dans les gros flocons de neige. Pas un air de vent n'emmêle mes cheveux ou ne mouille mes yeux.

Quelques voitures roulent tranquillement sur la chaussée glissante. Puis, je vois l'énorme chien du voisin traverser le chemin. Au même instant, un automobiliste perd la maîtrise de son véhicule qui se met à valser comme une personne ivre. Un violent coup résonne dans le silence sourd de la neige qui tombe.

Le conducteur, qui voit le chien inerte sous son auto, est affolé. À quelques pas de là, calmement, un jeune homme sort de sa maison et se dirige vers la voiture, sans même jeter un regard vers le conducteur agité. La vie ralentit.

Sa jeunesse éclaire sa démarche. Grand, droit, il vole vers ce malheur et surprend par sa prestance.

Il tire péniblement son gros chien de dessous le pare-chocs et le porte comme un enfant. L'autre lui dit quelques mots. Il le regarde et fait non de la tête. Puis, noblement, le dos raide, il retourne vers sa demeure, lentement.

Une jeune femme l'accueille dans un cri. La porte claque. Le chauffard, après avoir grillé sa cigarette, retourne derrière son volant et poursuit sa route.

La neige tombe toujours. Le hurlement du drame réunit une nuit bleue au silence si pur.

Je suis restée longuement debout à regarder cette route où la mort venait de frapper.

Fidélité

Je ne l'ai rencontrée qu'une seule fois.

Je suis à Montréal dans une salle bondée de gens. Paul Buissonneau m'a invitée à la première d'un spectacle dont il fait la mise en scène. La production est grandiose. Émue de tant de splendeur, je me remets tranquillement de cette intensité quand une femme âgée se dirige vers moi.

Elle semble bien décidée à me parler, mais je sens, dans sa démarche, un certain malaise.

Quelqu'un me la présente : *Andrée Vien*. Soubresaut dans mon cœur et dans mon corps. La première femme de mon héros. Tressaillement de cette *autre vie*, jamais abordée à la maison.

Elle me considère et m'écarte du groupe. Puis se place devant moi en me touchant les joues de la paume de ses mains. Je me penche vers elle.

« Merci de faire ce que tu fais pour lui. »

Son sourire devient celui de cette femme du temps de mon père. Les souvenirs reliés à cette époque resplendissent dans son regard. Je suis ébahie par sa mémoire absente de mots qui transperce mon être.

Elle m'embrasse sur les deux joues. Recule de quelques pas et disparaît dans la foule.

Elle est restée amoureuse de mon père toute sa vie.

UN BOUQUET DE SOULIERS

Année après année, des gens visitent la sépulture de mon père dans cet endroit qu'il voulait sobre, chez lui, sur son île d'Orléans.

Le chemin pour s'y rendre est usé de pas et le gazon n'a pas le temps de repousser que d'autres visiteurs viennent à leur tour le saluer et, surtout, le remercier.

La simplicité du lieu étonne, ainsi que la sobriété de la pierre tombale. Son nom accompagné naturellement de ces deux dates : 1914 – 1988. C'était sa volonté, pour que la vie demeure. Les visiteurs cherchent un lien indispensable pour leur *suite du monde* qui les unit à cet homme qu'ils aiment.

Le poète a écrit la chanson *Moi, mes souliers*, qui a fait le tour de la francophonie et qui, encore aujourd'hui, est fredonnée un peu partout. Tous les êtres humains, depuis des millions d'années, ont chaussures à leurs pieds les menant vers la fin de leur vie.

Des hommes, des femmes et des enfants déposent sur sa pierre tombale une paire de souliers.

Bien au-delà du simple soulier usé, il y a une grande beauté dans ce geste. La poésie chantée tout au long de sa vie s'y retrouve, et c'est un dernier hommage pour un homme infini. Un hymne à la vie. Ces souliers retournent à la terre comme chaque être humain retournera à la terre.

Mon père aurait aimé cet acte de continuation, noble et respectueux; les cimetières européens en sont remplis.

* * *

J'accompagne Raymond Devos sur la tombe de mon père. Il est ému et ne dit mot.

Il découvre les chaussures déposées au pied de la stèle et je ressens combien cet hommage déchire son cœur d'homme.

Après un long moment de contemplation, je l'entends me dire : « C'est un bouquet de souliers. »

Le chant de l'alouette retentit. L'acquiescement d'un jour retrouvé dans l'abîme dévoilé.

Vie

Aussi loin que je me rappelle

Aussi loin que je me rappelle, un petit garçon a toujours fait partie de moi. Déjà, enfant, je me préparais secrètement à sa venue. Émile, en souvenir de mon grand-père maternel.

J'ai vieilli et l'idée de savoir que mon corps pouvait enfin donner la vie me chavirait. Puis vient le jour où je me sens prête à devenir maman.

Sans résultat au bout d'un an, nous consultons.

« Madame, vous devez être la cause, votre compagnon a déjà un enfant. »

La terre s'écroule sous mes pieds. La phrase *pour la suite du monde* reste suspendue à mes lèvres. Moi, jeune femme au ventre sec ? Mais j'attends cet enfant depuis la nuit des temps ! Je me déteste, pendant que les deux hommes, dans le bureau du médecin, jasent politique. Moi, désemparée, je hais la vie.

Il y a la petite intervention chirurgicale et toute l'angoisse qui l'accompagne pour vérifier si c'est bien mon corps qui fait défaut. « Vous êtes tout à fait normale », me dit le médecin-dieu.

Commencent les traitements. Prise de pilules qui gonflent le ventre d'ovaires soufflés, insémination artificielle et, surtout, les larmes, l'attente, le déchirement.

Après trois tentatives et une grande marche sur le bord du fleuve, je décide de laisser faire la vie. De lâcher prise.

Les années passent. Je fais la rencontre d'un jeune homme de dix-huit ans. Je m'attache à lui et à son regard neuf.

Je tombe enceinte dès la première fois. Cette belle et grande nuit me donne Émile.

Il grandit dans mon ventre comme une perle au fond de la mer.

Gros-Louis

Il emménage chez moi au printemps.

J'accueille mon nouvel amoureux avec en moi notre premier fils. Il est timide et très impressionné par la terre et le lieu sublime où se trouve ma maison. Il découvre le chemin qui mène au fleuve, le tracteur que mon père conduisait et, tranquillement, trouve ses repères dans ce nouvel univers. Il se passionne pour la forêt et tout ce qu'elle contient. Ses yeux bleus de Huron empreints de douceur embrassent plusieurs de nos années à venir.

« Il ramène la vie », dit ma mère.

Il monte au deuxième, et je lui propose une garde-robe afin qu'il ouvre sa valise et s'installe pour de bon. Il jette un œil à l'intérieur et trouve un objet oublié. C'est un livre de mon père, *Le dernier calepin*. Surpris, il l'ouvre. Ses yeux se posent par hasard sur un texte qui s'intitule « L'amour ».

À sa bien-aimée aux longues hanches et aux sourcils bleus,
le jeune Huron apporte l'orignal couché dans le canot,
trophée de sang et de gloire.
[…]
Il s'appelle Gros-Louis.

« Hé ! Ton père parle de moi ? »

On se regarde et nos yeux clairs se lient pour les onze prochaines années.

Sol

Il vient présenter son spectacle à l'Espace Félix-Leclerc. Mon père adorait Marc Favreau.

Le souvenir d'enfance qu'il m'apporte quand, au retour de l'école, mon frère et moi écoutions *Sol et Gobelet* à la télévision est une grosse bouffée de bonheur.

Je me souviens de mon étonnement de petite fille un certain soir de première. Mes parents et moi, nous passons le saluer dans sa loge avant son spectacle. Puis nous nous installons dans la salle.

Le rideau de scène s'ouvre sur *mon* clown préféré de la télévision ! Mais que fait-il là ? Où est l'ami de mon père ?!

Des années plus tard, je suis à nouveau dans sa loge avant son spectacle. Cette fois-ci, je ne suis pas accompagnée de mes parents, mais plutôt d'une grosse bedaine. Je suis enceinte pour la première fois.

Il me parle de mon père, de cette vie qui fuit et de mon enfant à naître.

— Et comment tu vas l'appeler, ce petit garçon ?

— Émile Leclerc Gros-Louis.

— Gros-Louis ? Ton amoureux est Huron ?

— Oui.

— Ah ! Comme Félix serait content !

Un souffle envahit mon être. Nos yeux l'un dans l'autre se remplissent de larmes au même moment. Des siècles d'Histoire dans mon ventre. Cheminement d'une existence qui repousse la mort.

Impression étrange que la voix de mon père parle à travers cet homme.

Vie privée

Ils sont fiers, assis bien droit, avec dans le regard une touche d'infini. Leurs éclats de rire confirment une grande connivence qui se tisse entre eux au fil des jours.

Le plus vieux découvre la petite fourmi cachée derrière le caillou du chemin de terre ou l'énorme rétrocaveuse qui lui apporte son premier rêve, celui de conduire un jour cette grosse machine. Au saut du lit, déjà, il demande de quoi sera faite sa journée et son regard s'illumine quand je lui dis que nous la passerons ensemble. « Juste nous deux ? » me lance-t-il, rayonnant comme une petite rivière lumineuse. « Oui. » Son sourire à ce moment me renverse et ses petits bras m'enlacent avec toute la fougue de ses quatre ans. Alors, il étire le temps et poursuit : « C'est pas fini, hein, juste nous deux ? » et je prends ce temps avec lui. Sa beauté d'être me chavire et mon cœur bat un peu plus vite. Grâce à lui, mon enfance, qui berce ma vie d'adulte, me revient et m'imbibe de tout son enchantement.

Le plus petit est encore bien petit et ses petites jambes ne cessent de battre l'air, car l'envie de courir est grande. Il ne sait pas encore combien le temps file et que ce moment des premiers pas est pour demain. Son sourire et ses cris sont constants. Déjà, son éveil est très convaincant dans la découverte de la jolie voiture apportée par son frère ou celle de la chaleur du rayon de soleil lui caressant la joue. Son regard ravissant et sa persévérance sont remarquables. Je le contemple pendant des heures en emmagasinant des films dans ma tête, pour la suite.

Le souvenir de mon père me tenant la main, le temps de franchir une rigole, me revient en tête. Celui aussi de nos marches en forêt, presque silencieuses, où son regard gris m'apprend à vivre.

L'immense vide que j'étouffe au fond de moi depuis la mort de mon père se comble peu à peu. Aujourd'hui, l'attachement qui me relie à mes fils devient mon souffle de vie. Comme la petite abeille qui fabrique son miel, son besoin de nectar est nécessaire à sa survie.

J'ai maintenant une force nouvelle pour traverser la vie qui s'offre à moi.

Malgré tout

Je suis dans un lieu de réadaptation pour enfants de tous âges, des tout-petits aux grands adolescents.

Je suis dans un lieu où il y a beaucoup de souffrances, de non-dits, de désespoirs.

Je remarque que la plupart des intervenants sont des intervenantes et que la plupart des enfants qui ont besoin de soins sont de petits garçons accompagnés presque exclusivement de leur maman.

Les mères. Les femmes qui portent les garçons. La maternité. Le don de soi et la maman soignante. L'importance du temps, du moment présent. L'importance de la présence et de la constance.

Je suis dans une cabine, derrière un miroir sans tain. Cette fois, c'est une fillette d'un an à peine. Toute menue aux cheveux bouclés, quasiment aveugle. Elle pleure. Elle pleure sans arrêt.

Elle est entre les mains d'une intervenante qui la fait bouger délicatement dans tous les sens sur un gros ballon pour développer son tonus musculaire. Ses pleurs sont persistants et désespérés. Elle dit clairement «arrêtez», crie contre son corps. Elle ne semble pas vouloir vivre.

L'intervenante continue, avant tout préoccupée du bien-être de cette enfant, mais ses pleurs me deviennent insupportables par ce que j'en comprends.

Près de moi, des étudiantes stagiaires. Elles discutent de la manière de faire de l'intervenante. Et la petite? Sa détresse? Pour elles, cela semble n'avoir aucune importance.

Mais sans cette attitude dite *professionnelle*, est-ce que ce travail serait supportable?

Durant tout ce temps, elle, la petite, elle pleure.

Soudain, la porte de cette pièce s'ouvre.

«Alice?»

Dès le premier souffle de ce prénom, l'enfant arrête de pleurer. La porte se referme doucement. Une jeune femme toute menue aux cheveux bouclés apparaît.

La fillette tend ses mains. La maman la soulève et ses bras deviennent une doudou réconfortante.

L'enfant sourit et, dans ses yeux presque aveugles, le bonheur.

Toute ma vie

Dans la douleur et la souffrance qui va d'une minute à l'autre émerger d'elle, son regard, plein d'espoir et d'une intensité étrange, lumineuse, plonge dans le mien. J'y vois ce lien qui nous unit en tant que femmes donnant la vie depuis que le monde est monde.

Je suis émue de tant d'intimité dans ce simple regard provenant d'une étrangère. Son amoureux vient la rejoindre et ses yeux se posent maintenant sur lui dans l'espoir d'y trouver réconfort. Impuissant devant cette épreuve, il lui caresse le visage de ses deux mains. Elle sourit et, une dernière fois, tourne sa tête vers moi, heureuse et sereine. Je lui rends son sourire en portant, moi aussi, la main sur mon ventre gonflé d'amour d'un nouvel enfant. Le médecin ferme le rideau et je l'entends dire de transférer sa patiente : le travail est commencé. Elle donnera naissance à une petite fille.

Je m'allonge à mon tour sur ce lit d'hôpital pour subir un examen de routine avant mon accouchement. Séparées par un simple drap devenu rideau de scène, nous sommes maintenant quatre femmes dans cette pièce où naîtront, dans quelques jours ou quelques semaines, des bébés neufs aux rêves purs.

On a installé sur mon ventre une ceinture reliée à l'appareil me permettant d'entendre les battements du cœur de mon bébé. Je me concentre sur ce chant. Je ferme les yeux et m'imagine dans une grotte recouverte d'une mousse soyeuse et souhaite très fort que ces battements ne s'épuisent jamais en remplissant mes oreilles de ce son si doux.

Je promets à mon tout-petit tout l'amour que je peux lui offrir, et je mesure la chance que j'ai d'entendre ces coups réguliers que je souhaite éternels.

Toute sa vie d'enfant, d'homme et de vieillard sera accompagnée de ce rythme. J'ai l'impression d'assister à la naissance du monde.

J'ai aujourd'hui, entre mes bras, ce petit être nouveau. J'écoute souvent, une oreille collée sur sa poitrine, le battement de son cœur. C'est dans ces moments-là qu'une impression d'Origine m'envahit. Où était-il *avant*? D'où vient-il? Il fixe mes yeux avec, dans le regard, une douceur de duvet.

Il a vingt jours ou vingt siècles? Le moment est si grand que j'éclate en sanglots. Larmes transformées en rivières sauvages du bout de mon pays; voyagement depuis la nuit des temps enrubannée d'une odeur de forêts pures.

Les feuilles des arbres tombent et un repos se fera entendre durant les mois d'hiver. Ma vie défile comme l'outarde qui s'aide de ses longues ailes pour se rendre vers un lieu où il fait bon vivre.

J'ai maintenant trois fils qui accompagnent ma vie. Ils sont ce lieu que l'outarde recherche. Ils sont toute ma vie.

Un hymne à la naissance, de mon père à mes fils.

Mes fils

Je suis une petite libellule accrochée à la crinière d'un cheval. Longtemps, durant cette course folle, je rêve d'être maman.

Puis j'ai porté l'espérance jusqu'à la naissance, au plus profond de mes entrailles. Moment inscrit dans la mémoire d'une pierre millénaire.

Coup de tonnerre. Grande éclaircie sur mon visage. Soleil tout entier dans mon ciel dévastateur, douloureux de bonheur.

Attachement inespéré d'une brûlure qui apporte une caresse inattendue ; trois garçons au regard bleu. Doux comme les champs de blé. Beaux comme la rosée du printemps. Troublants comme le premier baiser.

Leur avènement fait fondre le grand trou cicatrisé qui me tiraille depuis tant d'années. Je découvre ce que je perds lors de cette journée de la mort de mon père. Je comprends l'aube du vide qui s'installe alors au plus profond de moi.

L'amour inconditionnel. *N'oublie jamais combien je t'aime.*

Cet amour rare, offert de père en fille ou de mère en fille, ou vice versa et son contraire.

Une journée sans eux est une journée perdue. Mon existence reliée à trois petites têtes blondes.

Trois gouttes d'eau sur mes lèvres assoiffées. L'arbre se redresse.

Un petit ruisseau mélodieux

Durant ma dernière grossesse, je pense à mes grands-mères et à toutes ces femmes d'un autre temps. Je réfléchis au choix que nous avons de faire des enfants et qu'elles n'avaient pas. À ce Dieu omniprésent qui leur dictait, par l'entremise d'un curé, l'obligation de faire des petits.

Je pense à ma grand-mère maternelle Aline. Elle est pour moi un petit ruisseau mélodieux. Nous passons plusieurs moments importants ensemble. J'étais bien jeune à la mort de mon père et bien perdue dans la vie d'adulte qui s'ouvrait à moi.

Aline a élevé sept enfants avec son mari, Émile.

Quand j'ai appris que mon troisième bébé serait lui aussi un garçon, j'ai été très heureuse, même si on me souhaitait tellement une fille. Et pourquoi pas un troisième garçon ?

Puis, maman-Line. Ses trois premiers enfants ont aussi été des garçons. Des garçons toujours très présents pour elle. Je me souviens de leur regard particulier, presque émerveillé, empreint d'un respect et d'un amour absolus pour leur mère.

C'est peut-être grâce à ce souvenir de fils aimant leur mère que j'ai tant voulu trois garçons dans ma vie. C'est peut-être grâce à Aline si je suis si heureuse en tant que maman aujourd'hui.

Une rosée attachée au fil du temps.

Douce, la mort ?

Tragique destin que cette mort qui finira tous par nous tuer. Je n'en connais qu'une chose : elle m'a volé mon père.

Maman-Line est maintenant bien entourée dans un lieu où la mort cueille les personnes très âgées. Elle n'est plus tout à fait consciente *consciemment*, mais son œil espiègle demeure.

Je vais la visiter. Son regard s'éclaire dès que ses yeux se posent sur moi. Mon corps vibre : elle est toute petite dans un lit qui est pourtant minuscule.

Jeune, Aline menait une vie de femme exemplaire pour *gagner son ciel*. C'est ce que le curé proclamait du haut de sa chaire tous les dimanches. Elle s'interdisait un verre de vin durant le souper et se privait de la cigarette qu'elle avait espérée après le repas. Elle ne faisait l'amour que pour avoir des enfants.

En vieillissant, elle se pose beaucoup de questions, jusqu'à douter de l'existence de Dieu. Tous ces sacrifices ont-ils un sens ?

Elle ne parle presque plus maintenant.

J'hésite, pour ne pas casser sa fragile ossature, puis, doucement, je l'enlace comme le feraient les branches d'un saule pleureur. Maman-Line me rend cette caresse. Mon bébé rebondit dans mon ventre. Pourtant, il n'a que quelques semaines.

Une sérénité hors du temps m'envahit. Cette mort imminente devient douce à mes yeux. Le silence apaisé de cet instant me surprend comme si l'image de ce dernier repos n'avait plus l'horreur affolée que cette pensée fait naître.

Maman-Line me réconcilie avec elle. La mort peut être douce.

Enfanterie

Des nuages noirs et des éclairs d'une grande force mangent tout le ciel. On doit attendre avant de sortir.

— C'est poche, il pleut le jour de ma fête.

— Attends, regarde loin, il y a du bleu en arrière.

Il ne me croit pas. Puis, une accalmie. Nous nous précipitons en direction de la voiture avant que le fracas de l'orage ne redouble. Nous nous retrouvons sur un pont de l'île submergé. J'ai l'impression que le fleuve Saint-Laurent est à notre hauteur et que nous allons nous enfoncer dans sa profondeur.

Il a un doux sourire.

— Finalement, c'est beau, la pluie.

Mon fils aîné a neuf ans aujourd'hui. Je lui offre une journée *juste nous deux* en guise de cadeau d'anniversaire. Nous allons dans quelques endroits qu'il préfère, notamment une salle de cinéma avec du popcorn jusqu'aux oreilles.

À notre sortie, le soleil est là et la température frise les trente-cinq degrés. Je lui répète :

— C'est poche, il pleut le jour de ma fête.

Son sourire est si beau que mon cœur tressaille.

Nous retournons sur l'île avec l'idée d'acheter un gâteau et des pizzas pour le souper. La boulangerie est en face d'une église. Je regarde Émile et j'ai envie de lui faire voir l'intérieur.

« C'est sa première église », dis-je aux guides. Je remarque les lampions.

« On en allume un ? »

Une petite voix intérieure se met à me crier à tue-tête : *Pourquoi tu as envie d'éclater en sanglots ?*

Les yeux embués, je regarde mon fils et je me vois à Paris, à neuf ans, allumer un lampion à chacune des visites d'église que je fais avec mon père.

La mémoire m'est revenue après le geste posé, fossilisé en moi.

Le coffre

Un inconnu est assis devant moi, dans une espèce de bulle de verre ; il est entouré de deux gardiens armés et un peu somnolents. Je suis inquiète, mais, de notre côté, je remarque aussi deux constables armés.

Me voici dans une salle de cour au palais de justice de Québec. J'ai été choisie comme jurée dans une cause où il y a eu mort d'homme. Nous sommes douze. Je me ferme les yeux : suis-je dans un film ?

Devant nous, un juge, une greffière, un avocat de la Couronne, un avocat de la défense et des témoins. Beaucoup de témoins qui défilent un à un, racontant la scène dans le détail, le moment précis du drame. Chacune de ces personnes a une façon bien à elle de voir, de dire et de se souvenir.

J'écoute l'un et l'autre et je me pose des questions sur la complexité de l'être humain. Puis, entre jurés, nous discutons de ce moment précis et, là aussi, chacun comprend à sa façon. Avec ce qu'il est et ce qu'il connaît.

Quand le procès débute, je regarde l'accusé devant nous, et soudain le mot *amour* m'apparaît. Le mot roule et roule encore et encore dans ma tête.

La qualité d'amour offert dans l'enfance détermine-t-elle le parcours humain ? Les giboulées annuelles apportent-elles le printemps ?

Quand je suis perdue, je puise dans le coffre que m'a transmis mon père : une ancre au fond de l'océan. Ce coffre libère l'étouffement des crevasses noires.

Force incomparable pour ce long chemin souvent cruel. À moi maintenant d'offrir cette portée à mes fils. Responsabilité.

Blanche au toit argenté

Sa grandeur et sa blancheur frappent la fillette que je suis alors. Son odeur de bois, de poussière et d'un trop-plein de souvenirs ancestraux me monte à la tête.

Un tapis tissé multicolore recouvre le plancher du salon. Les chaises âgées sont tournées vers l'âtre. Sensation de voir les aïeux rire et s'amuser. L'odeur de leur pipe semble incrustée.

Un tuyau de poêle à bois court au plafond et va s'accrocher dans un trou béant de la cheminée en pierre des champs. La lumière entre de partout.

C'est bourré d'un autre temps. Pourtant, il n'y a que madame Pichette qui se berce, installée entre le poêle et la cheminée. Dans son regard affleurent les souvenirs de cette époque ; elle est maintenant entourée d'invisible.

C'est à mon tour d'y vivre maintenant. J'y dépose mes ancrages. Je sens que là se trouve ma suite du monde : dans ce ciel au-dessus de ma tête, dans cette terre que je laboure, dans cette vue inestimable sur le Saint-Laurent.

Aujourd'hui, je regarde les artisans travailler patiemment, méticuleusement, telle une grand-mère absorbée par la confection d'une courtepointe.

L'instant présent se transforme. Le toit rouge devient argenté. Changement visuel frappant dans mon univers enfantin. Affirmation de la femme que je suis.

Ma maison est fin prête pour le façonnement de nouvelles histoires.

Depuis des décennies, une courtepointe d'âme se tisse dans cette demeure. Elle devient miroir entre la petite fille que j'ai été et celle qui n'est pas venue.

La maison se laisse envahir, comme une eau douce gelée agglutinée à une eau salée liquéfiée, ce qui donne le frasil des jours.

L'arbre s'enracine.

Le dernier violon

Jean-Paul Filion est chez lui à Sainte-Anne-de-Beaupré. Il sculpte la neige pour la transformer en violon. Au coucher du soleil, il se dit qu'il prendra une photo de son œuvre de neige quand elle deviendra rosée sous la caresse d'un rayon. Ainsi naîtra une carte de Noël qu'il projette de poster à ses amis. Une carte-création, comme il aime en faire.

Mais le temps va manquer à Jean-Paul et la lumière du soleil couchant ne pourra toucher son violon de flocons. Jean-Paul s'écroule dans la neige.

Yolande cherche son amoureux par la fenêtre. Elle lance un cri en le voyant couché, son regard bleu d'homme dans ce bleu d'hiver.

Bleu contre bleu.

En attendant l'ambulance et ne pouvant pas le déplacer, Yo va chercher des couvertures de laine et abrie Jean-Paul. Mais il ne se réchauffe pas. Alors, aidée de sa voisine, elle s'allonge sur lui et soude son corps contre le sien en ouvrant bien grand son manteau pour que l'homme de sa vie reçoive toute la chaleur recherchée dans tout l'amour souhaité.

Jean-Paul demeure une dizaine de jours à l'hôpital. Il est fatigué. Yolande comprend, par la couleur de son regard, qu'il la quittera bientôt. Sa peine est immense et insoutenable.

Dans un élan d'intemporalité envers son amour, elle retourne chez elle pour enfiler les boucles d'oreilles qu'il lui avait offertes avant cette journée de sculpture. Le dernier moment à être jolie uniquement pour lui, son roi à la couronne d'or.

* * *

Quelques semaines plus tard, je suis dans une ambulance et j'accompagne, folle d'inquiétude, mon fils de quatre ans, déshydraté par une très mauvaise gastro. L'ambulancier me réconforte, puis il me demande si je suis bien *Nathalie*. Je hoche la tête et ses yeux s'illuminent.

« J'étais dans l'ambulance avec Jean-Paul Filion. Il était votre parrain ? Quel être magnifique. »

Je regarde par la fenêtre. Le bleu de ses yeux, partout.

Le pont de l'île

Mon coin de pays offre une féérie dans ses petits matins glacés de début d'année, malgré le fleuve transpirant d'une nuit noire et gelée.

Le Saint-Laurent, par temps polaire, devient un lieu immaculé et presque lunaire. Les glaces, fumantes, sculptées, bleutées par le froid, rosées par le soleil levant, adoucissent les angoisses porteuses de malheur.

Au-dessus de ce grand courant d'eau gelé, le pont de l'île d'Orléans. Accroché entre deux rives, telle une bouée de sauvetage, il accueille camions, voitures, vélos, piétons. Il surprend par sa stature. Suspendu entre deux mondes, vieux de plusieurs décennies, il semble épuisé.

Pourtant, armé jusqu'aux dents, soutenu par ses câbles porteurs, il paraît droit, fier et invincible dans cette froidure mordante et matinale. Mais ce n'est qu'illusion. Il arrive à la fin de sa vie. Se meurt, se désagrège et devient un poids pour l'homme.

Il m'émeut. Sa simple vue me rappelle mon père et mon cœur se serre toujours un peu. Ce morceau de ferraille l'a accueilli comme un sofa bien moelleux. La première visite qu'il fit en terre orléanaise a réveillé quelque chose de neuf en lui ; un chant qui allait l'animer jusqu'au dernier jour de sa vie.

Ce pont qui lui fait chanter *La fille de l'île.* Ce bout d'acier majestueux changera le cours des choses pour les insulaires.

Il règne du haut de sa structure. Saluant depuis des années les bateaux de plaisance. Assistant, dans une complète impuissance, à de terribles accidents de voiture. Complice de certaines personnes qui, d'un saut mortel, se jetteront dans l'abîme des eaux indifférentes.

Malgré tout, il demeure impassible, fidèle et protecteur, poursuivant sa vie de pont.

Aujourd'hui, la mémoire se rétrécit. Il sera détruit, dit-on. Plus utile, dangereux, entretien trop dispendieux : on jette ! On en construira un neuf, un jeune, un nouveau. Et on oubliera le vieux, celui par qui tout l'espoir du monde a traversé des générations d'hommes et de femmes. Car, avant ce lien avec l'extérieur, la plupart des insulaires demeuraient prisonniers de leur île.

Ce pont est devenu, par la force des choses, libérateur d'une communauté repliée sur elle-même.

Le Québec a la mémoire courte.

Le pont de glace

Assise sur un vieux Ski-Doo jaune, je m'agrippe avec force au conducteur et j'ouvre tout grand mes yeux.

Nous parcourons l'île d'Orléans dans des sentiers réservés exclusivement à notre bolide qui se déplace sur des neiges normalement inaccessibles et infranchissables. Le froid hivernal se cramponne à ma peau déjà gelée.

La blancheur des chemins situés en bordure d'un fleuve paralysé me hurle sa beauté. Un loup affamé de splendeur. Des sculptures confectionnées par le vent, la neige, le froid semblent énigmatiques mais empreintes de douceur. Opulence d'une existence absente de citoyens.

Notre engin sur ski assassine l'harmonie d'une forêt frigorifiée dans le silence lourd d'une neige pesante. Les geais bleus, inquiets, nous jettent un œil mauvais par-dessus tant de cacophonie.

Puis, un chemin nouveau. Devant nous, le fleuve Saint-Laurent où un pont de glace nous ouvre les bras comme il enlace l'île d'Orléans.

Vite, éteindre la vocifération du bolide. Me voilà debout, en plein milieu, dans un silence incertain. Mon pays gelé, cette étendue d'eau glacée où grouille sous mes pieds un torrent impatient, désarticulé, ralenti. Mon sang bouillonne maintenant. Je regarde le ciel miroir du fleuve. L'immensité me consume.

Jamais plus cette sensation d'être seule au monde, lovée entre *les bras du Saint-Laurent*.

Un grand frère et une petite sœur

Avec les années, mon père et ses sœurs ne se voient plus ; la corde se casse. Son succès d'artiste y est-il pour quelque chose ? Ou ses absences répétées lors de ses tournées européennes ? Autour de la nuit, parfois cruelle, s'enroule un infranchissable désarroi. Les réponses sont inutiles. Sans doute.

Le ruissellement des jours poursuit sa course. Mon héros garde certaines rencontres importantes avec son frère aîné, Jean-Marie.

Vers la fin de sa vie, il me parle de temps à autre de sa petite sœur Brigitte en me disant que je lui ressemble. Le frère qu'il redevient dans cet instant a dans la voix une note juste et jolie. Un souvenir d'amour fraternel, porteur d'une accalmie.

* * *

Des années plus tard, je cherche un sculpteur pour créer une arche dans les sentiers de l'Espace Félix-Leclerc. Ne trouvant pas, je laisse le temps au temps qui passe, au destin qui roule trop rapidement et qui m'échappe, comme du sable qui glisse entre mes doigts. Confiante pourtant; les oies blanches reviendront effleurer le toit de ma maison.

J'apprends l'existence d'un cousin germain. Je le rencontre. Il est sculpteur. C'est le fils de Brigitte.

J'ai l'impression de le connaître depuis l'aube du monde. Il crée l'arche et une sculpture pour souligner le centième anniversaire de naissance de mon père.

L'avenir a beau nous échapper comme la crue d'une grande rivière durant la fonte des neiges, je suis encore chamboulée par cette rencontre bercée du souvenir de la petite sœur adorée de mon père.

À la mort, dans la vie.

Une seule fois

Je suis à l'Espace Félix-Leclerc au milieu d'une foule de visiteurs qui déambulent parmi l'œuvre de mon père.

Une femme d'un certain âge, chevelure grise somptueuse, robe éclatante, foulard resplendissant, scintille au milieu des autres. Je ne cesse de la regarder, comme aimantée par le champ magnétique de son étrange attirance.

Après quelques minutes, elle vient vers moi. Mal à l'aise, stressée, elle me regarde dans les yeux et me dit rapidement qu'elle est Sylvette, la sœur de mon père.

Je suis ébahie. Tout mon corps frémit.

« Mes deux derniers frères viennent de mourir. J'ai besoin de me retrouver ici, près de Félix. »

Après la mort de mon père et celle de Jean-Marie, des années plus tard, Grégoire et Gérald ont succombé à une semaine d'intervalle.

Je la regarde. Elle me sourit, hoche la tête et disparaît.

Malgré tous ces gens autour de moi, mon ouïe se ferme et un bourdonnement de plus en plus fort résonne dans ma tête. Une étoile filante ?

J'ai rencontré la sœur de mon père. Un instant presque douloureux, un malaise inaudible, inscrit dans ses gestes exagérément offerts.

Je les imagine, enfants, têtes nues, courant dans l'insouciance d'un avenir parmi les champs de marguerites.

Je reste songeuse, toujours dans la foule qui me tourne autour comme un essaim d'abeilles.

La tempête

Ma mère est aux soins intensifs depuis cinq mois : pneumonie dévastatrice. Je passe des heures à son chevet. J'écoute son souffle devenu artificiel et regarde le personnel s'affairer. Le sablier défile. Ma constance produit une vague glacée sur ma quotidienneté. Étourdie. Étranglée.

Je reconnais l'odeur capiteuse des désinfectants. Le souvenir de mon père m'enrobe et je me surprends à penser que je veille sa femme. La mort rôde dans l'inertie de cette chambre. Puis un médecin *différent* auprès de ma mère. Un sursaut. Une secousse. Un réveil. Enfin. Elle va mieux.

Dans cette même période, une catastrophe dans sa maison silencieuse : la cuvette de l'étage éclate et déborde durant une bonne partie de la nuit.

Le dégât d'eau traverse le plancher du deuxième étage pour se retrouver sous le plafond de la salle de bain du rez-de-chaussée.

Impression que cette maison crie son abandon.

Dans l'urgence, j'ouvre l'armoire pour sauver ses produits cosmétiques. Les relents du parfum de mon père me sautent en plein visage. Mais un coup d'eau froide me fouette le corps et semble dissiper cette odeur d'il y a vingt-cinq ans. Pourtant.

Les ravages sont immenses. Derrière les produits de beauté de ma mère, je découvre les effets personnels de mon père. Tremblement.

J'ouvre le placard du bas. En dessous des quelques chandails de ma mère, les vêtements de mon père, bien tassés avec les années et maintenant détrempés. Puis son odeur. Son odeur à lui ?

Je crie à cette maison que je suis en train de le déterrer. Une folie s'empare de mon être. Je lance tout dans un sac tenu par le père de mes enfants, incrédule.

* * *

Une fois la tempête atténuée, le dégât ramassé, les enfants couchés, me revoilà au cœur du déchirement. Je suis dans la salle de bain maintenant ravagée. Je m'assois par terre et pleure, ravagée à mon tour.

Une louve qui hurle vers une lune au passé qui s'accroche.

Contenir ma folie.

Mon père, ce prophète de bonheur

Là où la taïga devient un tapis soyeux pour les caribous et les coyotes, nous escaladons vingt kilomètres de montagnes pour atteindre le point culminant du mont Collins. Accompagnés d'un guide, nous sommes en expédition pour les dix prochaines heures.

Me voilà installée sur une grande pierre tout en haut du mont Matawees, dans un lieu où l'on retrouve des sommets pomponnés de feuillus et de sapinages. Beauté en plein visage qui apporte un souffle pur ; un vent doux transporte une odeur de sève mielleuse. J'ai l'impression de naître à nouveau.

Jasmin, un des guides resté à l'auberge, me téléphone en utilisant la petite radio de notre éclaireur.

« Félix est aussi grand et immortel que les montagnes qui t'entourent. »

En s'accompagnant à la guitare, par-delà les grésillements radiophoniques, il me chante d'un bout à l'autre *Présence*. Une jolie voix suspendue entre ciel et terre, dans la ligne d'horizon d'un décor digne d'une somptuosité immémoriale.

Un sanglot incontrôlable me traverse le corps. Forte dans une coquille fissurée.

Que rien n'est fini
et que tout recommence
que le mois d'août est sur le lit
entouré de silence

Ça vaut tous les hommages du monde.

Je suis dans l'immensité sauvage de la forêt boréale offerte par mon pays.

Je pense aux Chic-Chocs et j'imagine, aujourd'hui, l'écho de cette chanson parcourant la taïga auprès des loups, des ours et des orignaux sauvages. Un hymne, au fil invisible, fredonné par les grandes épinettes qui touchent au bleu du ciel.

Là où je me suis couchée et où j'y ai vu l'éternité.

* * *

25 décembre, minuit. Je reçois un courriel de Jasmin. Il vient d'enregistrer *Présence* du haut des Chic-Chocs. L'écho des grandes épinettes dans sa voix. Vastitude. Un goût d'avenir dans ma bouche. Le feu de foyer crépite ma suite au monde.

Enfance

Je cherche. Cette vie accélérée me devient insupportable. Nécessaire ralentissement. Mon existence grugée par une quotidienneté vertigineuse. Mi-temps de ma vie. Récupérer, retourner, labourer la terre noire, odeur apaisante. Un lointain appel de la Suisse. Cette petite fille de neuf ans me réclame. Partir.

Lionel ? Point d'ancrage de l'Europe dont l'écho résonne en moi. Recherche internet, courriel, réponse : *Comment pourrais-je t'oublier ?*

Me voilà en Suisse, dans son appartement, dans sa vie d'homme. Trente-quatre ans nous séparent.

Sur son visage, le temps doux de son pays. Ses joues rougies par la gêne, ses lèvres pincées par ses dents, la profondeur de ses yeux sont demeurées les mêmes que du temps du petit garçon. L'enfance nous rattrape.

Il me regarde comme personne. Grandes respirations entrecoupées : je reviens du fin fond de son histoire. J'éprouve pour lui ce même sentiment que lorsque mes yeux se posent sur une toile de Van Gogh.

Je distingue, un court moment, la lueur qu'il possédait à l'âge de neuf ans. Cette lueur d'une vie qu'il aurait voulu se bâtir dans l'espoir de l'enfance. Je ressens à nouveau le plaisir de nos randonnées dans le champ de vignes, mon père et sa fierté de me voir grandir.

Il détourne les yeux. Puis revient vers moi. Je retiens un sanglot. Le passé s'ancre en nous, reliés par un fil.

Il a toujours cette tendresse remarquable, mais une tristesse, sous forme de blessure, a cicatrisé ses yeux. Maintenant, une ombre sombre se cache derrière l'homme. Désabusé.

On arrive chez lui. Il a deux pianos.

— Tu joues du piano?

— Oui, pendant vingt ans. Mais je ne joue plus.

— Moi non plus.

Il me reconduit à sa chambre avant de disparaître dans l'autre pièce. Envolé comme ce rossignol une certaine journée de canicule.

Je m'endors dans ses draps blancs, dans son odeur à lui, enfance retrouvée. Mais doucement, elle glisse entre nos mains. L'enfance fuit, elle ne revient pas.

Enroulée dans le vieux chandail qu'il m'a prêté, je sèche mes larmes. Je me recouvre de sa couette rose.

«Tu es ma plus belle histoire d'amour», me dira-t-il.

Portée. Apaisée. Inspirée. Sa présence m'enrobe et libère mon avenir.

Les cygnes

Des oiseaux un peu mythiques, fascinants de blancheur, touchants de fidélité, fragiles de beauté. Froids dans leur perfection.

Mon père a installé un crochet sur un des murs de notre cuisine pour y suspendre un grand sac, et, chaque fois que nous mangeons du pain, nous gardons les restants pour remplir cette poche. Vient le dimanche, et avec lui notre marche hebdomadaire familiale. Je n'oublie pas cette besace remplie de nos petits déjeuners croûtés. Nous nous retrouvons sur le bord du lac Léman. Ma fébrilité est à son comble. Nous les attendons.

Les cygnes sont nombreux à venir vers nous car ils ont reconnu, sans doute à la taille de mon fourre-tout, les miettes de baguettes et de pains secs. C'est la fête ! Ces hauts volatiles « drensent » et sifflent follement à notre arrivée, et se régalent enfin.

Par contre, mon chien adoré fait la moue. Bobino, qui nous a suivis dans notre voyage en Suisse, est jaloux de ce festin et de toute l'attention portée à cette gent ailée.

La voix aimante de mon héros fait disparaître l'ombre triste dans les yeux de Bobino. Il y a des jours où j'ai vraiment l'impression que ce chien nous sourit.

* * *

Me revoilà en Suisse. J'ai cherché et, après avoir confondu une bouée de sauvetage et un cygne, j'en ai enfin repéré deux, car toujours en couple, autour de *l'île aux oiseaux* que mon ami d'enfance a fait construire.

Une île tel un petit miracle sous forme de demi-lune entourée d'ingéniosité et de travail acharné durant de longues années. Aujourd'hui, les amis à plumes de Lionel vivent en paix sur cette île portée par l'espoir d'un *monde meilleur* parce que protégés de la malveillance humaine.

Alors je regarde ces cygnes, glissant sur l'eau comme de grands voiliers, et ils me rappellent ce temps où ma joie éclatait d'un simple regard vers ces longs oiseaux. La volupté de ce moment présent m'ensorcelle et me couvre de cette magnificence si recherchée. Le souvenir devient palpable. Le coup d'œil de mon père dans ces après-midi d'abondance et de quiétude m'habite profondément durant cette minute précise.

Lionel ne saisit pas toute la profondeur de ce moment, mais sa présence, silencieuse et douce, suffit à laisser ce bonheur m'envahir.

Maintenant, je comprends combien la mémoire de l'enfance est à l'abri du temps. En quelques secondes, je venais de faire, à nouveau, un saut périlleux dans cette Suisse de mes neuf ans.

Mon père et les Suisses

Mon père raconte souvent cette histoire lors de ses soirées mémorables. Je ne peux m'empêcher de la partager avec Lionel.

« Quand je vivais en Suisse, j'allais acheter mon pain chez le boulanger tous les mardis matin. Cette journée-là, je croise mes voisins et je leur raconte une blague. Ils me regardent, se dérhument gauchement, toussent dans leur poing et, d'un petit signe poli, me saluent. Le mardi suivant, me voilà de nouveau chez le boulanger. Mes voisins vus la semaine dernière viennent vers moi en riant à gorge déployée, me donnant même une claque sur l'épaule et rigolent encore plus fort en me disant : "Elle était bien bonne, votre blague !" Et ils passent leur chemin en riant de plus belle. "Eh bien. Il n'était pas trop tôt !" »

Maintenant, quand Lionel me fait un drôle d'air, je lui demande s'il joue au « Suisse à la Félix » !

Les Suisses

Lionel m'invite à une soirée chez des amis. J'écoute leur accent chantant et je suis surprise de ce bien-être. Je ferme les yeux quelques instants. *Je suis de retour en Suisse.* Le cœur veut m'éclater. Est-ce que mon père viendra nous rejoindre ? Je rigole, bien sûr.

En voiture avec Lionel, nous parcourons les côtes suisses dans une nuit de pleine lune. Il me dit, d'une voix brisée : « Nathalie, sache que je suis lent. » Je souris, en pensant à la lenteur des Suisses, puis à cette enfance qui nous réunit à nouveau et qui chatouille mon bonheur tout grand d'avoir retrouvé ce petit amoureux devenu ami précieux.

Il me fait visiter notre Suisse. On se rend à notre école. Il me dit n'être jamais revenu. Il me regarde de son regard de petit garçon jouant aux billes dans la cour d'école et remarque l'horloge toujours au même endroit. Nos neuf ans fantômes passent devant nous.

Il vient me reconduire à la gare la journée de mon départ. Sur le quai, il rit, mais sa tristesse se love en lui. J'entre dans le train puis je découvre qu'il est encore là. Sur le quai. Je lui fais signe par la fenêtre. Il vient vers moi et il me parle. Je ne comprends rien : il y a la vitre !

Le train démarre. Il s'élance à ses côtés, en courant de toutes ses forces.

Mon enfance se jette dans l'abîme d'une eau claire. Le ronron du train me rappelle la voix de mon père. L'écriture hante mon être. Il me faut écrire. Nécessité vitale.

Les petites robes

Avant de voir les flaques d'eau devenir croustillantes; je suis longtemps dehors à regarder le vol des outardes. À les examiner sur les battures du fleuve Saint-Laurent durant mes séances de course à pied. À écouter leurs cris qui sonnent le grand départ. D'ici quelques semaines, l'hiver s'attardera pour de longs mois dans mon coin de pays.

Les montagnes nues braveront les tempêtes de neige et la poudrerie balaiera l'horizon. Je pense souvent à mon père à cette époque de l'année. Le souvenir de le voir revenir heureux et reposé de ses tournées européennes m'envahit. Il avait toujours dans ses bagages une petite robe pour moi, qui me faisait chaque fois parfaitement.

Aujourd'hui, je suis au milieu de ma vie. Je fixe le ciel bleu acier d'octobre surplombant les collines décharnées. L'envie de tout laisser tomber me prend à la gorge. La voix de mon père refait surface.

L'Europe à mon tour?

J'y suis allée dix jours. J'en reviens. La fabuleuse, la présente, l'accueillante.

Elle m'a aidée à boucler la boucle de mon interminable deuil. M'aidera-t-elle à retrouver cette sérénité qui m'échappe encore?

Ces dix jours là-bas m'ont remise au monde, pourquoi pas quelques années? Déraciner la sédentaire? M'enraciner dans ce lieu où je suis née?

L'arbre déploie ses branches.

Le pas

Encouragée par Lionel, qui souhaite retrouver des photos de cette époque en Suisse, je dois *affronter* ma garde-robe. Depuis la mort de mon père, je n'ai pas ouvert cette porte. Traverser le miroir.

Ma chambre de petite fille est presque intacte. L'affiche de Saint-Denys Garneau est au même endroit. Arrêt sur image.

J'ouvre la porte de mon placard et j'y suis à nouveau : Nathalie *au pays des merveilles*.

Aurore de ma vie.

Petites robes européennes, poupées, nids d'oiseaux offerts par mon père. Dragées de ma naissance, cahiers de mes années d'école, dont ceux de la Suisse. Mes dessins, mes écrits, mes photos. Mon père parmi ces photos. Moi dans ma petite robe fleurie bleue et blanche. Lionel.

Je lui envoie un texto.

« Pleure, pleure, ça ne peut que te faire du bien. »

Je ferme les yeux.

Je me retrouve dans ma classe de première année sur l'île d'Orléans avec une question qui me ronge l'intérieur : est-ce que l'autobus scolaire pourra me ramener à la maison malgré l'énorme tempête de neige ?

Je suis dans l'autobus qui freine devant chez moi ; paralysée par tout ce blanc dehors, je ne bouge pas. La tempête fait rage. Le chauffeur hurle dans le vent qui s'engouffre par la porte maintenant ouverte de l'autobus que mon père m'attend sur le bord du chemin.

Réconfortée par la présence de mon héros, je me précipite vers lui. Il m'enveloppe d'une couverture de laine. Je m'agrippe à lui dans un éclat de rire.

Adoucie.

J'ouvre les yeux. De nouveau dans ma chambre enfantine, devant ce placard ouvert, une certitude : l'éblouissement de son absence.

Le voilier

Le printemps apporte le cri d'une première outarde, auquel succèdent ceux d'une ribambelle de congénères traversant l'île d'Orléans. Je ne compte plus les fois où les milliers de voliers faits de ces grosses bêtes à plumes m'ont tirée du lit. Cette beauté blanche et parfois grise frôle littéralement le toit de ma maison. Alors, je sais que le printemps va faire éclore la terre. Son parfum de terreau libéré me chavirera à nouveau.

Depuis une dizaine d'années, dès le premier cri de l'outarde débarquant dans le soubresaut des rayons chauds du soleil qui finiront par dégeler mon pays, j'écris un courriel à un homme mal léché mais capable d'attendrissement : il devient cet ours qui se réveille au printemps.

J'ai une relation fantôme avec mon demi-frère. Néanmoins, les rares moments où je suis avec lui sont marqués d'une pierre blanche. Il fait partie de moi comme la sève d'un bouleau.

C'est plus fort que ce qui nous sépare.

Cette année, Martin me répond, entre autres choses, ceci :

« J'ai vu un beau volier d'outardes l'autre jour. Je pense toujours à toi quand je vois ça, surtout que, dans celui-là, c'était une oie blanche qui menait la gang. Wow que c'était beau ! »

Ça m'a tellement émue que j'ai eu un gros sanglot. Pas longtemps, quelques secondes à peine. Un sanglot sorti du ventre. Bien loin, caché sous des épaisseurs de vies enterrées.

* * *

Cette nuit-là, je reviens d'une soirée en empruntant l'autoroute construite dans le fleuve. Au même moment, sans doute paniquées par le bruit de ma voiture, des centaines d'oies blanches se sont réveillées et envolées telle une immense vague criant à gorge déployée. Avec mes phares allumés dans leur direction, elles sont devenues de petites étoiles scintillantes. La beauté me sautait en plein visage.

Alors, j'ai eu une pensée pour mon grand frère. Ces boules blanches duvetées dans la nuit se sont transformées en petites vies échappées entre nous, comme le tic-tac d'une horloge oubliée dans la pointe du jour.

Plumes blanches

De longues ailes blanches dans un début de tempête de neige. Éblouies par la lumière du lampadaire, elles disparaissent rapidement, mais je sais que l'oiseau dépose son corps emplumé au-dessus de celui-ci : sa réputation demeure, il surplombe l'île d'Orléans.

J'aperçois un harfang des neiges au moment où ma voiture franchit le pont de l'île. Il doit être minuit. Un vent de plus en plus froid et une neige de plus en plus abondante annoncent une nuit tourmentée. En sortant de mon auto, une bourrasque me gèle d'un coup tout le corps. Je me précipite vers ma maison où l'odeur de pin jaillit tel un parfum cracheur de forêt.

Je monte à l'étage et regarde dormir mes trois garçons. Je souris en me rappelant le joli mot qu'un de mes fils m'a dit, le mois passé, durant une terrible gastro : *T'inquiète pas, maman, nous sommes comme tes trois petits papas, on va bien s'occuper de toi.* Mes larmes brouillent encore ma vue à cette seule pensée. Ils ont quatre, sept et dix ans. J'écoute pendant un long moment leur souffle régulier aux rêves veloutés. Apaisement d'un cœur hanté qui hurle mes chambardements imminents.

Dès lors, la tempête fait rage. Je me sens enveloppée et protégée dans ma maison de bois centenaire à la mémoire longue. Le loup n'a qu'à bien se tenir.

De retour au salon, je regarde l'image encadrée de mon premier petit papa. Cette photo a toujours été à cet endroit précis.

Jeune fille en visite chez madame Pichette, elle y était déjà. Talisman à ma suite au monde.

Cette présence rappelle les grandes plumes blanches de ce harfang des neiges, à l'œil jaune, à la force herculéenne, dominant l'île d'Orléans sous ses ailes gavées de ciel.

J'y reviendrai toujours.

Trois petits lits

Ce souffle puissant me pourchasse encore. Un grand vent me pousse vers l'ailleurs. Il est trop tôt pour m'encabaner. Besoin d'un précipice accueillant, aux odeurs inédites. Sortir de mon champ de marguerites gracieux. Me heurter aux trains. Voyager vers l'inconnu. Partir. Écrire.

Retourner vers l'Europe ?

J'en discute avec mon monde. *Et tes enfants ?* Ils acceptent de me suivre comme j'ai suivi mon père en Suisse. Moment de grâce dans mon enfance. Nous devenons un trèfle à quatre feuilles.

Je visite un appartement en France proposé par un ami. Une cuisine, un salon, deux balcons, un jardin et deux chambres. Dans l'une d'elles, trois petits lits préparés par la grand-maman, qui vient de mourir, pour ses trois petits-enfants.

Mes yeux s'embrument. L'appartement est trouvé. Les trois petits lits attendent déjà mes trois fils. La France m'ouvre ses bras.

Mon déchirement est immense. Quitter ma maison, mon fleuve, mon île, mon ciel me demande un courage plus grand que je ne l'avais cru. Mais je dois répondre à cet appel. Un hurlement sorti de l'Atlantique.

C'est plus grand que moi.

Suresnes

De ma fenêtre ouverte, la mésange française zinzinule dans un rayon velouté. Elle me rappelle celle de mon enfance et ce courage transmis pour supporter mes journées d'école.

Un inconnu joue de la guitare en soirée, et cette musique traverse le mur de ma chambre. Cet homme me ramène vers les répétitions de guitare de mon père et il ne le sait même pas. Apaisement.

Je distingue des petits clins d'œil de voyages à venir dans les trains qui défilent derrière mon appartement ; ils transportent le souffle de la France.

À l'automne, les feuilles des arbres tombent et je découvre par hasard, assise dans mon lit, la tour Eiffel au loin. Saisissement. Cette majestueuse solitude enjolive ma quotidienneté.

Mes enfants, intégrés et heureux dans ce nouveau pays, et leurs amis égyptiens, espagnols, marocains, français, hollandais, russes, congolais m'enivrent et détruisent l'angoisse redoutée lors de ce voyage outre-mer.

La promenade pour se rendre à l'école m'apporte son lot de splendeur tous les matins. Je retrouve des petits Lionel dans certains amis de mes fils. Je me vois, rougissante de timidité, lors de ma première journée d'école en Suisse. Suresnes est la ville voisine de Boulogne-Billancourt, lieu de ma naissance. Ce présent, puisé dans ce passé, devient l'essence de mon avenir.

Je touche enfin à cette chose bleue dans le ciel. L'éloignement n'existe plus ; j'écris.

L'amitié

L'envol part d'un désir. Les silences sont nécessaires pour trouver une niche et tracer l'élan sublime. Les longs regards suspendus vers l'horizon sont des moments inégalés vers cet élan.

Depuis mes premières années de vie, l'essence de mon existence repose sur le désir. Mes huit ans m'apportent de grandes rêveries. Tous les soirs, dès mon dodo, j'entends un homme jouer du piano dans le sous-sol de la maison. Le concert provient de mon esprit, sans doute, mais je suis persuadée qu'il m'est offert. Durant ces moments hors du temps, je me promets une vie à l'image de cette musique.

Je me mets à faire des choix pour cueillir le désir tant espéré de ma vie. Puis, je récolte ce grand bonheur en gardant les yeux grand ouverts. Parfois je tombe, mais, malgré tout, je m'accroche au cerf-volant.

Un grand nombre de personnes exceptionnelles gravitent autour de moi. Sans leurs yeux lumineux, sans leur amitié profonde et leur amour retentissant, ma vie ne serait pas la suite de ce grand concert écouté à l'époque où mon père m'appelait Titi.

Merci à vous d'être dans mon existence, vous êtes ensemble un souffle porteur et puissant.

Suresnes, Paris, 2014-2016

Je suis sans doute ce que je suis
pour n'être pas morte.

N. L.

Quand il tombe, l'arbre fait deux trous.
Celui dans le ciel est le plus grand.

Félix Leclerc

MERCI

Denis Noreau, pour m'avoir dit à vingt ans que j'avais du talent ;

Jean Royer, pour m'avoir dit à vingt-cinq ans : écris ;

Josée Blanchette, pour la publication d'un de mes textes dans sa chronique du *Devoir* en 2003 ;

Linda Brousseau, pour m'avoir dit que je devais absolument écrire ;

André Gagnon, pour la confiance qu'il a fait naître en l'écrivaine que je devenais ;

Pierre Filion, pour avoir publié ce premier livre ;

Mon père, pour tout.

SOURCES

Photographies

Les photographies familiales de Félix Leclerc et de Nathalie Leclerc reproduites aux pages 19 et 83 sont de Gaétane Morin.

L'égoportrait de Nathalie Leclerc et de ses trois fils reproduit à la page 145 provient des archives personnelles de l'auteure.

Citations

Le texte reproduit à la page 9 est tiré de Félix Leclerc, *Le petit livre bleu de Félix*, Montréal, Les nouvelles éditions de l'Arc, 1978, page 62.

Le texte reproduit à la page 110 est tiré de Félix Leclerc, « Dernier calepin », dans *Les œuvres de Félix Leclerc*, Saint-Charles-sur-Richelieu, Henri Rivard, 1994, page 293.

Les paroles reproduites à la page 131 sont tirées de la chanson intitulée *Présence*. Paroles et musique de Félix Leclerc © Warner Chappell Music France, 1965.

La maxime reproduite à la page 145 est tirée de Félix Leclerc, *Le calepin d'un flâneur*, Montréal, Fides, 2013, page 181.

TABLE

Il était une fois ... 11
- Fabiola ... 13
- Les forêts ... 14
- Le triomphe ... 15
- L'île d'Orléans ... 16
- Le camp ... 16
- Noce ... 17

Ensemble ... 19
- Le premier souffle ... 21
- Bobino ... 22
- L'empreinte ... 23
- Notre bout du monde ... 24
- L'oiseau de papier ... 25
- Ma grange ... 27
- Ce bonheur qui porte ... 28
- Les outardes ... 29
- Un piano ... 30
- La promesse ... 31
- Tour de chant ... 32
- Le paon ... 33
- Le train ... 34
- Noblesse ... 35
- Les premiers garçons de ma vie ... 36
- La Tzigane ... 37
- Le passeur ... 38
- Il était un trophée ... 39
- Mes dix ans ... 41

Le carreau de la classe 42
Sœur Gabrielle 44
La musique 45
Le soupir de la terre 47
Visite impromptue 48

Devenir grande
Presque un pays 50
Madame Pichette 51
Récital de piano 52
Une conférence 53
La boîte aux lettres 55
Une chanson 56
Le chêne 57
L'horreur 58
Le phare de bois 59
La cane 60
Première voiture 61
La Gaspésienne 62
Vis 64

Devenir vieux
Sa voix 66
Un poète 67
La rencontre 68
Porteur de rêves 69
L'entrevue 70
Rêves à vendre 72
Entre l'aurore et l'aube 73
Les brouillons broyés 74
Le début de notre monde 75
Un producteur, une chanteuse, un artiste 76
L'attente 78

Fin de vie 79
Soixante-quatorze ans 80
Le chant du cygne 81

SEULE 83
Ma fin du monde 85
L'inconcevable 86
Ce matin-là 87
Ce soir-là 87
Croire? 88

Vivre?
Les lendemains 90
Quarante jours 91
Les âmes 92
Une signature 93
Voyages 93
La vue 94
Peine 95
Les fleurs d'août 96
Le tour de l'île 97
Boucler la boucle 98
Fleur de peau 99
Un chant 100
Déséquilibre 101
Le retour 102
Mauffette 103
L'heure bleue 104
Fidélité 105
Un bouquet de souliers 106

Vie
Aussi loin que je me rappelle 108

Gros-Louis 109
Sol 110
Vie privée 111
Malgré tout 112
Toute ma vie 114
Mes fils 116
Un petit ruisseau mélodieux 117
Douce, la mort? 118
Enfanterie 119
Le coffre 120
Blanche au toit argenté 121
Le dernier violon 122
Le pont de l'île 124
Le pont de glace 125
Un grand frère et une petite sœur 126
Une seule fois 127
La tempête 128
Mon père, ce prophète de bonheur 130
Enfance 131
Les cygnes 133
Mon père et les Suisses 135
Les Suisses 136
Les petites robes 137
Le pas 138
Le voilier 139
Plumes blanches 140
Trois petits lits 142
Suresnes 142
L'amitié 144

Merci 147

Sources 149

Achevé d'imprimer en octobre 2016
sur les presses de Marquis imprimeur

ED. 01 / IMP. 01